Alles hängt am Kreuz

ATHINA LEXUTT | ELISABETH NEUMEISTER OSB

Alles hängt am Kreuz

Eine Annäherung in Wort und Bild

EVANGELISCHE VERLAGSANSTALT
Leipzig

BONIFATIUS

Athina Lexutt, Dr. theol., Jahrgang 1966, absolvierte das Studium der Evangelischen Theologie, die Promotion und die Habilitation in Bonn. Seit 2002 ist sie Professorin für Kirchengeschichte am Institut für Evangelische Theologie der Justus-Liebig-Universität Gießen.

Elisabeth Neumeister, Jahrgang 1945, ist seit 1972 Ordensschwester in der Benediktinerinnenabtei St. Scholastika auf der Burg Dinklage. Dort versieht sie nicht nur den Pfortendienst, sondern ist auch seit Jahren in der geistlichen Begleitung und der Exerzitienbegleitung tätig.

Bibliographische Information der Deutschen Nationalbibliothek:
Die Deutsche Nationalbibliothek verzeichnet diese Publikation in der Deutschen Nationalbibliographie; detaillierte bibliographische Daten sind im Internet über http://dnb.dnb.de abrufbar.

Das Buch wurde auf alterungsbeständigem Papier gedruckt.

Gesamtgestaltung: makena plangrafik, Leipzig
Druck und Binden: BELTZ Bad Langensalza GmbH

ISBN 978-3-374-05320-9
www.eva-leipzig.de

ISBN 978-3-89710-756-4
www.bonifatius.de

Vorwort

»Das allein predige: die Weisheit des Kreuzes!« (Martin Luther)

Es scheint so selbstverständlich wie das Amen in der Kirche. Auf einem Altar, über einer Chorschranke, von der Decke hängend, an einer Wand, in der Ecke einer Bauernbank, um den Hals an einer Kette, vorweggetragen bei einer Prozession, geschlagen über der Brust, gezeichnet auf eine Stirn. Es scheint so selbstverständlich. Doch so selbstverständlich es ist, so unbequem, so verwirrend, so schwierig ist es auch. Das Kreuz als Identifikationssymbol des Christentums ist nicht erst in den letzten Jahren ins Gerede gekommen, es war immer schon auch ein Stein des Anstoßes. Warum Jesus sterben musste und warum ausgerechnet sein grausamer Tod die Erlösung des Menschen bedeutet, das ist nicht ohne weiteres plausibel zu machen.

Vor 500 Jahren, im Jahr 1518, machte Martin Luther das Kreuz in einer einzigartigen Weise stark. Für ihn war das Kreuz der tiefste Ausdruck der Zuwendung Gottes zum Menschen. Dort, im Moment des Kreuzes, wurde die Versöhnung sichtbar, die niemals vom Menschen ausgesucht werden und geschehen kann, sondern das unverdiente Geschenk Gottes an den Menschen ist. Im Augenblick der schrecklichsten Qual und der endgültig scheinenden Ohnmacht aller Hoffnung ereignet sich das Schönste für den Menschen und erweist Gott seine Allmacht und Kraft und Treue seines Schöpferwortes. Für Luther war es klar: Alles hängt am Kreuz.

Aber kann man das heute noch so sagen? Kann man verständlich machen, was das Kreuz bedeutet? Was Luther sagen wollte und was auch 500 Jahre später daran noch richtig und geradezu unerlässlich für theologisches Denken, Reden und Handeln sein könnte? Sind die Anfragen an das Kreuz und die Probleme, die sich alle nicht wegdiskutieren lassen, nicht zu gewichtig, als dass man dem Kreuz heute noch eine zentrale Rolle zugestehen darf? Darin steckt eine ungeheure Herausforderung, zweifellos.

Dieses Buch stellt sich dieser Herausforderung. Es will auf seine Weise dafür sorgen, dass das Kreuz in Herz und Kopf von Menschen dringt, die wie Luther dereinst auf der Suche sind nach dem, was tröstet, was gewiss macht und was befreit; die auf der Suche nach dem Kern der Nuss dessen sind, was »Christentum« ausmacht und christliche Existenz trägt und hält; die auf der Suche sind nach dem, was der Theologie ein Rückgrat gibt. Es geht von der zentralen Rolle aus, die das Kreuz im Christusgeschehen, das ein Heilsgeschehen ist, spielt. Und mit Luther teilt es die Auffassung: Alles hängt am Kreuz. Und daher ist es genauso davon überzeugt, dass das Kreuz eine Bedeutung weit über den Karfreitag hinaus hat.

Das Buch möchte die Leserinnen und Leser mit hineinnehmen in die Suche und ebenso Fragen anstoßen wie zur Orientierung anleiten. Es will zum Meditieren einladen, zum Betrachten, schließlich zum Nachdenken. Es will dem Kreuz in Wort und Bild nachspüren und Spuren in der Geschichte nachzeichnen, die den Weg des Kreuzes aufzeigen, den es bis Luther und mit Luther neu genommen hat. Es will Hilfe in der religiösen Praxis sein und Hinweise für eine Theorie des Kreuzes geben.

Freilich: Bücher und Beiträge über das Kreuz und die Deutung des Todes Jesu gibt es viele; gerade in den letzten Jahren hat der Büchermarkt viele Titel zu diesem Thema zu verzeichnen. Es wäre vermessen, ja, gänzlich unangebracht, diese Debatten und ihre Ergebnisse hier zusammenzutragen, sich mit ihnen auseinanderzusetzen, sie zu bewerten oder sie gar übertreffen und ersetzen zu wollen. Dieses Buch will weder einen Forschungsbericht oder einen eigenen Forschungsbeitrag darstellen noch gar die ultimative Lösung für alle Probleme bieten. Es will in keiner Weise mit all diesen Titeln konkurrieren. Es will vielmehr eine Anregung sein, dem Kreuz in der Zusammenschau mehrerer Perspektiven: der historischen, der systematischen, der persönlichen und liturgischen neu nachzudenken. Manch einer wird daher Etliches vermissen, wenn er dieses Buch in die Hand nimmt. Vielleicht und hoffentlich aber wird auch manch einer es mit Gewinn nutzen und das Kreuz in neuer Weise für sich entdecken. Dass insgesamt ein bestimmtes Theologieverständnis vorausgesetzt ist, dürfte unverkennbar sein: Wissenschaftlicher Anspruch und religiöse Praxis, kritisches Infragestellen und Vertrauen auf eine offenbarte Wahrheit stellen hier keinen Gegensatz, keine Alternativen dar. Mit Luther wird Theologie als Kunst des Unterscheidens begriffen, und gerade das Kreuz weist auf solche Unterscheidungen hin und lädt ein, das spannungsvolle Miteinander unterschiedlicher Perspektiven im unabdingbaren Zugleich zu bedenken.

Dieses Zugleich wird am deutlichsten daran erkennbar, dass dieses Buch zwei ganz unterschiedlich gestaltete Teile bietet. In seinem ersten Teil will es über das Bild einen Zugang zum Kreuz und zu seiner Bedeutung im Lebenskreis der Kirche und des Einzelnen eröffnen. Das Kreuz gehört nicht allein zum Karfreitag. Davon zeugt Luthers Theologie des Kreuzes, der im Anschluss an die Paulinische Christologie Christus, den Gekreuzigten, neu in den Mittelpunkt der gesamten Theologie rückt und selbst schon Hinweise gegeben hat, wie das Kreuz im ganzen Leben des Menschen von Gottes barmherziger Gegenwart Zeugnis gibt. Gerade also, wenn das Kreuz in seiner Vielschichtigkeit als Zeichen der Erlösung und des ewigen Lebens, als Evangelium in seiner Bedeutung für dieses Leben wahrgenommen werden will, dann darf man es nicht auf den Tag des Todes Jesu reduzieren, sondern dann gehört es in ganz neuer Weise auch weit darüber hinaus vergegenwärtigt, an Freuden- wie an Trauertagen, an Festen wie an Gedenktagen, an feierlichen Anlässen wie im Alltag. Dass der Mensch stets unter dem Kreuz ist, bedeutet dann keine Drohung, sondern eine sinnenhafte Bestätigung der Zusage und Treue Gottes. Genau dies wollen die Bilder von Schwester Elisabeth Neumeister in kräftigen Farben und starker Symbolik zum Ausdruck bringen. Sie laden ein zur stillen Betrachtung und Besinnung, sie können und sollen in Andachten und Gottesdiensten, in Schule und Erwachsenenbildung Verwendung finden sowie überall dort, wo über die Mitte des Glaubens nachgedacht werden und das Kreuz zur Sprache kommen soll. Die Texte von Athina Lexutt nehmen auf die Bilder direkten Bezug und möchten das Nachdenken und Nachspüren vertiefen. Auch sie dürfen und sollen natürlich in den genannten Kontexten verwendet werden. Manche Bilder und Texte entfalten im Zusammenhang wahrgenommen ihre ganze Wirkung, so die drei zu den »Sonntagen des Menschen« sowie die zu den letzten Sonntagen des Kirchenjahres. Namentlich einige Elemente in den meditativen Texten, aber auch in den Bildern sind leichter zu verstehen, wenn der zweite Teil des Buches bereits wahrgenommen wurde; manche Anspielungen und Wendungen speisen sich aus dem, was dort erörtert wird. In jedem Fall schlägt sich dort schon nieder, wovon beide Autorinnen überzeugt sind und was sie in Bild und Wort wollen: das Kreuz den Augen und Ohren nahebringen, ihm Gehör und ihm im Leben des Christenmenschen den Platz verschaffen, der ihm gebührt.

Im zweiten Teil nähert sich Athina Lexutt zunächst auf historischen Wegen, um dem Nachdenken über das Kreuz entscheidende Hinweise zu geben: Wie wurde das Kreuz zum Symbol der Christenheit? Mit welchen Problemen und Schwierigkeiten hatten frühere Jahrhunderte zu kämpfen? Wie wandelten sich das Bild vom Kreuz und das Reden darüber? Welche Akzente wurden aus welchen Gründen gesetzt? Und schließlich und vor allem: Was hat Martin Luther neu beigetragen, um dem Kreuz in seiner Zeit und darüber hinaus eine Stimme zu geben? Das Reformatorische ist es wert, auch nach dem Ende des Jubiläumsjahres 2017 wachgehalten und in unsere gegenwärtigen Herausforderungen übertragen zu werden. Ohne einen garstigen Graben von 500 Jahren einfach zu überspringen oder umgekehrt aus weiter Ferne und mit bloß historischer Neugierde auf das zu blicken, was jenseits dieses Grabens wohl so alles liegen mag, macht das Buch zum Schluss den Versuch, mit Luther und über Luther hinaus ein leidenschaftliches Plädoyer für eine heute verstehbare und sagbare Theologie des Kreuzes zu halten.

Das Buch stellt somit eine Annäherung dar. Und es stellt eine Annäherung in ökumenischer Verbundenheit dar. Schwester Elisabeth Neumeister OSB von der Benediktinerinnenabtei St. Scholastika in Dinklage hat dazu den Anstoß gegeben durch einige Kreuzbilder, die sie in ihrer Freizeit gestaltet hat. Gemeinsam haben wir dem Kreuz weiter zugehört und gespürt, dass es zum einen in der Lage ist, Konfessionsgrenzen zu sprengen, und dass es zum anderen das Leben des Menschen in viel weiterer und tieferer Weise trägt und berührt, als es mit seiner gewöhnlichen Reduzierung auf den Karfreitag erkennen lassen kann. Es ist Kern und Zentrum der christlichen Theologie, so dass über das Kreuz vermeintlich »katholische« oder »evangelische« Feste zu allgemein-christlichen Festen werden. In zahlreichen Gesprächen gingen wir weiter in die Tiefe des Kreuzes, feilten an Bild und Wort und sind auch jetzt, nachdem das Buchprojekt abgeschlossen ist, noch lange nicht an einem Ende angelangt. Das Kreuz will lebendig gehalten werden, im Gebet, im Nachdenken und in der Anfechtung. Daher ist dieses Buch ein Anfang und kein Ende. Wie es das Reformationsjubiläum auch sein sollte. Wir wünschen uns, dass es zum meditativen, nachdenklichen und nachspürenden Gebrauch einlädt und dem Kreuz so nahebringt, wie es jedem Menschen in seiner je eigenen Geschichte bereits auf Golgotha gekommen ist.

Wir schulden vielen Menschen Dank für die Unterstützung dieses Projekts. Neben der Evangelischen Verlagsanstalt (insbesondere in Person von Frau Dr. Annette Weidhas) und dem Bonifatius-Verlag ist vor allem der Konvent der Benediktinerinnen der Abtei St. Scholastika zu nennen, allen voran dessen Äbtissin Sr. Franziska Lukas OSB. Sie hat mit Geduld das Projekt begleitet und immer Zeit für ein Gespräch und ein offenes Ohr gehabt. Wenn es galt, die Planungen voranzubringen und Entwürfe zu diskutieren, war der Konvent von warmherziger Gastfreundschaft; allen Schwestern sei Dank auch für so manches gute Gespräch, das das Werden dieses Buches auf oft ganz eigene Weise bereichert hat. In diesen Dank sei ausdrücklich Sr. Franzilde Wehlage OFM aus Damme mit einbezogen. Ein besonderer Dank gilt auch Professor Dr. Oswald Bayer, der stets beratend im Hintergrund gewirkt hat, für so manche Formulierung im Wort und so manches Detail im Bild mit uns gemeinsam auf die Suche gegangen ist und immer etwas Wichtiges und Weiterbringendes beisteuern konnte. Schließlich sei auch den Mitarbeiterinnen und Mitarbeitern der Professur für Kirchengeschichte des Instituts für Evangelische Theologie der Justus-Liebig-Universität Gießen für die handwerkliche Unterstützung gedankt: Hannah Döhnert, Beate Lührmann, Jonas Renz, Johannes Schneider und Jakob Stahl. Ohne ihre Mühen beim Korrekturlesen und in der Endredaktion wäre dieses Buch nicht das, was es jetzt ist.

Den größten Dank aber schulden wir beide den Menschen, die uns immer wieder gezeigt haben, was Theologie im Kern bedeutet und wofür sie da ist. Ihnen, die das Kreuz als Zeichen des Todes schon überwunden haben und es als Zeichen des Lebens in der Auferstehung schauen, sei dieses Buch gewidmet.

Dinklage/Hennef,
im Jahr des Jubiläums

Athina Lexutt
Sr. Elisabeth Neumeister OSB

Inhalt

Dem Kreuz nachspüren

Auftakt – Das Kreuz eröffnet den Raum

Wenn die Welt von Gottes Bund umschlungen ist und
Geschlossenes nicht abschließt, sondern aufschließt
Dann ist es das Kreuz

Wenn regenbogenbunt die Zukunft die Vergangenheit trifft
und Ähnliches in Wahrheit Neues verheißt
Dann ist es das Kreuz

Wenn im Zeitenkreis das Feuer lodert und himmelblau
die Träume eine Heimat finden
Dann ist es das Kreuz

Und wenn aus Dornensplittern Blätter wachsen
totes Holz auferstehen lässt und Trauer Freude wird
Dann ist es das Kreuz

Advent – Warten über dem Kreuz

Ganz Ohr bin ich, Herr, denn Du bist nah
Ich sehe einen Stern, der kündet von etwas
Ich wandere durch blaue Nächte voller Wunder, durch Flüsse
des Lebens und durch die Mäntel der Himmelskönigin
Ich warte
Gespannt
Horizontal und vertikal, durch Raum und Zeit
Und mitten in mir
Der Stern, der kündet von etwas
Eine Ahnung
Eine Sehnsucht
Eine Hoffnung
Eine Gewissheit
Und eine Stimme, die spricht:
Komm!

Heiligabend – Krippenkreuzesruhe

Stille Nacht –
Etwas ist geschehen.
Die Welt verharrt in andächtigem Schweigen.
Alles steht still für diesen Augenblick.
Alles schweigt anbetend und beugt die Knie.

Und das Kreuz weiß um alles.
Es trägt das Kind, die Mutter, den Vater, die Hirten und
ihre Herden.
Der Engel spricht: Fürchte Dich nicht!

Und das Kreuz weiß um alles, weiß, es wird etwas geschehen
Und der Engel spricht: Seht!

Und das Kreuz weiß um alles, umschließt alles in seiner Mitte
Und kann ausruhen für diesen Augenblick, in dem alles stillsteht.

S.E

Weihnachten – Friedenskreuz

Die Welt ist aufgewühlt, bis an die Ränder; voll Unruhe
und einer Kraft, die nicht weiß, wohin.
Und als sie in den Spiegel schaute, zerbrach er tausendfach.
Wir klebten und puzzelten, stückelten und verbanden die
Wunden; doch sah man es und spürte es: an den Kanten und
Ecken und Rissen und Nähten.
Die Welt wurde nicht heil.
Bis Du kamst, Herr; und Sterne durch dünne Deckmäntel
schimmern ließest, hell und klar, mitten in der tiefsten Nacht.
Und ein Kreuz des Südens oder des Nordens, was weiß denn ich;
darum herum die Spirale des Lebens.
Du hältst alles zusammen, Herr!
Und Ruhe – und Mitte – und Ankommen.
Friede auf Erden!
Weil Du es willst, Herr.

2. Weihnachtsfeiertag/Stephanus, der erste Märtyrer – Unter dem Kreuz ist darüber der Himmel

Wie einst Isaak liege ich auf dem Scheiterhaufen meiner
Erwartungen und Sehnsüchte und warte darauf,
dass es ein Ende hat mit mir.
Erschlagen bin ich von all den schweren Steinen aus Ängsten,
Sorgen, Anforderungen und Anfeindungen,
und ich warte darauf, dass es ein Ende hat mit mir.
Eingequetscht und von allen Seiten bedrückt kann ich nicht
mehr atmen und sehe nur noch den Schlamm unter mir,
in den ich versinken werde.
Verbrannt, erstochen, gesteinigt.

Doch ist da etwas, das ist größer als ich und stärker.
Es nimmt mich so wahr, dass es meine Farben aufnimmt und
ganz bei mir ist. Da, wo ich bin. Unten. Am Ende. Wie Isaak.
Es streichelt mein Haar und lehnt sich so an mich,
dass mein Leben, das verbrannt riecht und erstochen blutet
und gesteinigt vor Schmerzen schreit – dass mein Leben mit
ihm zusammen eine Pyramide bildet, die in den Himmel ragt,
in den aufgerissenen Himmel, der auf mich wartet.
Nicht jetzt. Später.

Aber dieses Später schenkt mir Kraft. Und Mut. Und Atem.
Es lässt mich leben. Wie Isaak.
Und am Ende, auf das ich nicht warte,
aber das ich getrost erwarten darf, ist der Himmel.
Das will ich bezeugen als der martys, der ich bin.

S.E

Jahreswechsel – Kreuzblicke

Ich danke Dir, mein himmlischer Vater, dass Du mich dieses Jahr behütet hast. Und bitte Dich, Du wollest mich auch behüten im nächsten Jahr, auch alle Menschen, die ich liebe. Und noch mehr die Menschen, die ich nicht liebe. Vergiss auch die Tiere nicht, die uns so viel geben, und die Pflanzen, die so wunderbar aufgehen.

Und ich bitte Dich, vergib mir meine Schuld, wo ich Unrecht getan habe. Am allermeisten dort, wo das Unrecht am größten war. Wo ich es nämlich gar nicht gemerkt habe. Gib mir auch die Kraft, selbst anderen zu vergeben, denn auch mir ist Unrecht getan worden.

Behüte mich vor guten Vorsätzen und hilf, dass ich ein gutes Werk tue, bevor ich darüber nachgedacht habe, eins tun zu wollen. Lass mich auf den anderen schauen wie auf mich selbst, so wie Du auf jeden von uns schaust.

Dein Heiliger Engel sei wie ein Feuerwerk und erhelle alles Dunkle und Finstre, dass der böse Feind keine Macht an uns findet. Lass uns staunen wie die Kinder, wenn es bunt wird am Himmel, und lass uns wieder an Wunder glauben. Lass uns hören, wie ein Donnerhall durch die Lande zieht, der Dein heilsames Wort ist.

Lass uns das Jahr so gestalten, dass wir Deine Sterne nicht verdunkeln und die Welt heller machen. Lass uns spüren, wie farbig die Welt ist, wenn Du sie durchwaltest. Lass uns sehen, wie es Dein Kreuz ist, das die Ketten dieser Welt und um unsere Herzen zerprengt.

Ich danke Dir, mein himmlischer Vater, dass Du mich behütest, und bitte Dich, Du wollest mich auch behüten, wenn ich zu danken vergesse.

Das walte Gott – Vater, Sohn und Heiliger Geist. Amen.

S.E

Epiphanias/Heilige Drei Könige – Sternenklares Kreuz

Es waren einmal drei Männer aus fernen Ländern. Die wollten verreisen und etwas Großartiges erleben. Sie setzten sich Kronen auf, wie man das an Kindergeburtstagen macht, weil sie sich freuten wie die Kinder. Sie vereinbarten, sie wollten jeder das machen, worauf die Lust am größten war, und am Ende wollten sie sich treffen und erzählen, was sie gefunden hatten. Sie setzten sich also in ihre Autos und fuhren über Straßen und durch viele Städte, sie lernten viele, viele Menschen kennen. Sie kamen durch trockene, dürre Gegenden, stellten ihre Autos an Flussufern ab, sie durchquerten Wälder und kletterten auf Berge. So reisten sie viele Jahre.

Am Ende trafen sie sich, wie sie es besprochen hatten, setzten sich in einem Straßencafé zusammen und erzählten sich von ihren vielen Abenteuern und den Ländern, durch die sie gekommen waren. Und sie erzählten auch, was sie gefunden hatten. Und da geschah das Merkwürdige: Sie hatten jeder viele verschiedene Länder bereist, jeder unterschiedlichste Menschen kennen gelernt, jeder ganz eigene Erfahrungen gemacht auf der langen Reise. An einem Ort aber waren sie alle gewesen. Dort leuchtete ein großer Stern, von dem sie sich magisch angezogen gefühlt hatten. Sie konnten hinterher nicht mehr sagen, wie der Ort hieß und wie genau sie dorthin gekommen waren. Aber alle waren sie dort und sie hatten dort alle dasselbe gesehen: ein großes Kreuz, das leuchtete blauer als der tiefblaue Nachthimmel und war größer als alles, was sie bisher gesehen hatten. Sie sahen es und wussten, sie sind angekommen, nun mussten sie nicht mehr weiterreisen und nichts Neues mehr sehen und kein Abenteuer mehr bestehen. Sie waren zuhause. Sie fühlten sich frei und geborgen und wie neu geboren. Als sie sich das erzählt hatten, schwiegen sie lange. Dann tranken sie ihren Kaffee aus, und ihre Kronen, die sie sich aufgesetzt hatten, wie man das an Kindergeburtstagen macht, setzten sie ab, weil sie sich freuten wie die Kinder Gottes.

S.E

Holocaust-Gedenktag – Freikreuzen

Höre, Israel!

Schuldig sind wir geworden. So schuldig, wie man es nur werden kann. Wie man es nicht ertragen kann. Wie man es nicht vergeben kann.
Du nicht. Wir uns nicht. Die Welt nicht.

Wir haben geschwiegen. Wir haben zugesehen. Oder weggesehen. Wir haben mitgemacht. Wir haben hämisch gelacht. Wir haben getötet. Wir haben von nichts gewusst.
All das haben wir getan.

Wir. Auch wir, die wir nicht dabei waren. Wir tun es wieder und wieder. Auf anderen Ebenen. An anderen Menschen. Auf die gleiche Weise.

Höre, Israel! Schuldig sind wir. Weil wir Sünder sind. Weil wir den Gott, der Dich erwählt hat, nicht wahrhaben wollen. Weil wir selbst als »gute Christen« IHN nicht als den anerkennen, der er ist. Der er sein will. Für Dich. Für uns. Für seine ganze Schöpfung.

Höre, Israel! Wir können uns nicht entschuldigen.
Als die Lager befreit wurden, gab es keine Freiheit. Freiheit gibt es nur durch den, der allein Vergebung schenken kann. Der am Kreuz alle Schmach ertragen und zugleich alle Schuld hinweggetragen hat. Sie ist da. Niemand kann sie vergeben. Nur der Mann am Kreuz. Der Jude, den wir als den Christus bekennen. Der aus dem Hause Israel kommt. Der Euer ist. Und unser auch. Der für alle das Kreuz gelitten hat.

Höre, Israel! Schuldig sind wir geworden. Schuldig sind wir. Wir können uns nicht entschuldigen. Darum bitte IHN für uns um Vergebung!

Aschermittwoch – Aschekreuz zu Aschekreuz

Es regnet Asche vom Himmel. Grau ist er und körnig. So wie früher das Fernsehen, als die Welt noch schwarzweiß war und es Fernsehansagerinnen gab und nur zwei Programme. Ich lag im Bett und hörte die Eröffnungsmelodie vom »Kommissar«.

Asche regnet es vom Himmel, setzt sich in den Haaren fest; ich laufe barfuß darin und es ist heiß. So wie früher, als die Sommer noch Sommer waren und der Teer in der Sonne geschmolzen.

Asche regnet es vom Himmel. Und es gibt rote Verbotsbalken »Bis hierhin und nicht weiter«. So wie früher, als Baustellen noch spannend waren und Eltern für ihre Kinder hafteten.

Asche regnet es vom Himmel. Und durch die Asche sehe ich drei Kreuze. Alles ist wie früher, als ich einen Bonbon aus der Schale genommen habe, was ich nicht durfte; doch alles ist anders, weil es ja schon lange nicht mehr nur ein Bonbon ist. Ich sehe drei Kreuze, die kleben aneinander und scheinen eins zu sind, sind es aber doch nicht.

Es regnet Asche vom Himmel. Mein Gesicht wird schwarz, wenn sie sich mit meinen Tränen vermischt. Und ich sehe drei Kreuze, bin angeschlagen.
Und werde frei.

Mariä Verkündigung – Kreuzverhör

Hörst Du auch, Mensch?
Hörst Du, was ich will von Dir?
Hörst Du, was ich Dir Gutes will?
Hörst Du, was ich Dir sage?

> Ich höre, Herr! Hier bin ich! Ein leibhaftes Ja!
> Mir geschehe nach Deinem Willen!
> Du sprichst mich frei, Du gibst mir die Erlösung.
> Umhüllt bin ich von Dir und aufgenommen in Deine Gnade.
> Ich bin Deine Magd und Dein Knecht: Mir geschehe,
> wie Du es zugesagt hast!
> Du bist der Richter, der Gnade verheißt; Du bist der Vater,
> der seinen Sohn schenkt;
> Du bist der Schöpfer, der der Welt ihr Kreuz gibt.
> Und auch wenn ich ahne: Mir geschehe nach Deinem Willen!

Palmsonntag – Kreuzkönig

Palmenzweige
Jubelrufe
Hosianna
Standarten mit Bekenntnissymbolen
Fahnen, bunt im Wind
Die Welt ist rosarot
Der König zieht ein

Dornenzweige
Zwei Balken
»Kreuziget ihn«-Rufe
Ein Leinentuch, weiß wie der Tod im Wind
Ein offenes Grab
Die Welt ist blutrot

Ein Kreuz, das blüht
Ein Fenster zum Leben
Dornen, die Blätter werden
Hallelujah-Rufe leise im Laut
Die Welt errötet von den aufgehenden Strahlen
der Sonne am Morgenhimmel
Der Herr ist da

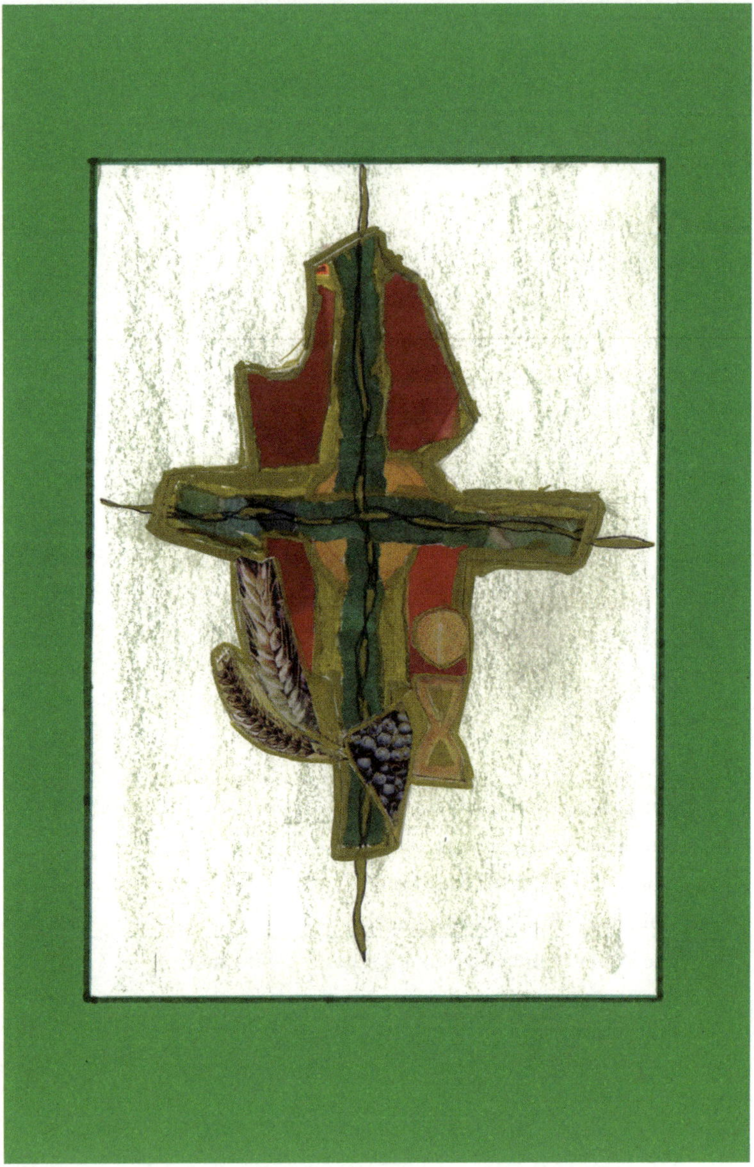

Gründonnerstag – Kreuzgemeinschaft

Und er nahm das Brot. Es war ganz frisch und noch warm. Als er es brach, dampfte es sogar noch ein bisschen aus seinem Innersten.
Sie konnten die Ähren fühlen, durch die sie einst am Sabbat gegangen waren; sie konnten riechen, was das bedeutet: »Brot des Lebens«, es duftete so herrlich und neu, und ihnen lief das Wasser im Mund zusammen.
Und er gab es ihnen.
Sie nahmen es dankbar und rochen daran und schmeckten es schon, noch bevor sie davon gegessen hatten.
Und er sprach: Das ist mein Leib, der für euch gegeben wird. Tut dies zu meinem Gedächtnis!
Und denen, denen gerade noch das Wasser im Mund zusammengelaufen war, gefror das Blut in den Adern.
Und er nahm den Wein. Tiefrot glänzte der in dem Kelch und die Lichter der Kerzen an den Wänden tanzten darin. Der Wein duftete süß, als wären die Trauben darin gerade erst gepflückt worden.
Sie dachten an die vielen Abende, als sie zusammen Wein getrunken hatten, als er ihnen Geschichten erzählte und sagte, er sei der Weinstock und sie die Reben. Ihnen lief das Wasser im Mund zusammen.
Und er gab ihnen den.
Und sie nahmen ihn dankbar und sogen den herb-süßen Duft ein und konnten ihn schmecken, noch bevor sie ihn getrunken hatten.
Und er sprach: Dieser Kelch ist der neue Bund in meinem Blut, das vergossen wird zur Vergebung der Sünden. Tut dies, sooft ihr es trinkt, zu meinem Gedächtnis!
Und denen, denen eben noch das Wasser im Mund zusammengelaufen war, gefror das Blut in ihren Adern, und sie meinten, nie wieder Wein trinken zu können.
Doch sie aßen das Brot und tranken den Wein und wurden zu Zeugen und waren eins im Schmecken und Sehen und in der Furcht und in der Hoffnung auf das Kreuz hin.

Karfreitag – Das Kreuz schreit zum Himmel

Es ist eine himmelschreiende Ungerechtigkeit!
Jesus ist ohne Schuld!
Er erleidet Schmach und Folter, er wird hingerichtet. Er stirbt.
Das Kreuz – ein Schandpfahl!
WARUM???
Es ist eine himmelschreiende Ungerechtigkeit!
Nicht wir – ER. WARUM???

Denn so sehr hat Gott die Welt geliebt, dass er seinen
eingeborenen Sohn gab, damit die, die an ihn glauben, nicht
verloren werden, sondern das ewige Leben haben.
DARUM!!!

Es ist eine vom Himmel herab geschenkte Gerechtigkeit
Und wenn die Welt in Flammen steht und der Vorhang
zerreißt – wird SEIN Reich offenbar.

S.E.

Karsamstag – Sein Kreuz abladen

An diesem Tage ist Ruh'.
Das erste Mal spürest Du
schwach einen Hauch – von etwas, das kündet:

Es gibt einen Weg! Mit einem Wegekreuz!
Da kannst Du Dein Kreuz ablegen!
IHM auflegen!
Und kannst ruhen, um weiterzugehen mitten in SEIN Kreuz
hinein, das auf Dich wartet und sich Dir schenkt.

Die Kreuze schweigen nun alle.
Warte nur, balde
stehst Du auf!

Osternacht – Cross over

Was für eine Nacht!

Die Wunden blutrot, Male an Kopf, Händen, Füßen,
am Holz der Tod – Elend – Leid – Ende.
Die Hoffnung gestorben.

Die Wunden, blutrot, tränken das Holz und lassen
Rosen erblühen.
Die duften mitten in der Nacht nach Sonne, nach Leben,
kostbar und liebevoll und heilsam.
Aus dem Kreuzesstamm der Lebensbaum. Aus totem Holz ein
Paradiesgarten. Aus gestorbener Hoffnung lebendige Gewissheit.

Was für eine Nacht!

Ostersonntag – Kreuzblütler

Sie kamen zum Grab und der Stein war weggewälzt. Darin ein Blütenmeer. Viele hatten Kränze geschickt und Blumengebinde mit Schleifen daran: »Ein letzter Gruß«. Wie man das so macht. Einer hatte sogar eine Weinrebe dazugelegt. Die mochte er so gern.

Die Kerzen waren inzwischen ausgegangen, diese billigen Dreitagesbrenner, die meistens auch nur zwei Tage durchhalten. Keiner war mehr am Grab. Nach dem Leichenschmaus, der feuchtfröhlich geendet hatte, waren sie alle nach Hause gegangen. Heute wollten sie nochmal die Kränze fotografieren und die Schleifen und nochmal ein bisschen weinen.
Dann musste auch mal gut sein.

Doch da war dieses Blütenmeer und ein wunderbarer Duft. Und an dem schnellen Holzkreuz, das seinen Namen trug und Geburts- und Sterbedatum, blühte es auch. Was das war, konnten sie nicht sagen. Aber sie weinten noch ein bisschen und sie schämten sich ein bisschen.

Da erkannte das Kreuz sie, blühte ihnen entgegen, und hauchte ihnen neuen Lebensatem zu.

Und dann war wirklich alles gut.

Quasimodogeniti – Kreuzgeboren

Auf Dir will ich meine Kirche errichten.
Du bist ein Petros, ein Fels! Du bist Katja, Sven, Lukas, Emilie, Alexandra, Julian und wie Du alles heißen magst. Wie Du alles heißen magst: Du trägst meinen Namen, den ich Dir einpräge.

Du bist mein Fels, auf den ich baue und auf den ich mich verlasse. Du bist getauft auf meinen Namen. Du gehst hin in alle Welt und wirst Menschen fischen, die wissen sollen, wer ich bin und was ich für sie bin. Zeige ihnen mein Kreuz, dass sie heil werden! Und sei selbst ein Kreuz, das das Evangelium nach Norden und nach Süden, nach Osten und nach Westen trägt! Sei nicht aufdringlich! Aber sei da! Sei wie neu geboren und zeige allen, dass es ein neues Leben gibt! In meinem Kreuz!

Himmelfahrt – Kreuzfahrt step by step

Jakob träumte einst, Engel stiegen auf einer Leiter auf und ab,
in den Himmel und wieder zurück.

Wie es wohl ist im Himmel, würden auch wir gerne wissen.
Und so steigen wir hoch und immer höher, Gott zu finden,
der doch dort wohnen und zuhause sein soll. Zu dem sein Sohn
aufgefahren ist. Wie es wohl im Himmel ist.

Und wir steigen und steigen und stoßen unseren Verstand an;
Sprossen brechen, und die Menschen werden unter uns zu
Ameisen. Wir steigen und bauen Wolkenkuckucksheime.

Wie es wohl ist im Himmel, würden wir gerne wissen.
Und wissen es doch! Denn ER kam zu uns herab und zeigte uns
alles, die Wahrheit in unserer Wirklichkeit, und hinterließ,
bevor er auffuhr in den Himmel, Spuren. Und ein Kreuz und Brot
und Wein und am Himmel einen Regenbogen, der alle Farben
auf die Erde malt.

Dass wir wissen, wie es ist im Himmel.

Pfingsten – Das Kreuz entflammt für den Geist

Komm, Heiliger Geist!
Brenne Deine Leidenschaft in mein Herz! Lass meine Zunge das Lob des Herrn verkünden! Stecke mich an mit Deiner Energie! Entflamme mir Deine Kraft und lass mich strahlen!

Und wo nicht, da tröste mich und nimm mich auf in Deine Flammenzungen. Nicht dass ich verbrenne und vergehe, sondern dass mir warm werde und ich wieder leuchten kann!

Stärke mir das Kreuz, dass ich aufrecht der Wahrheit ins Antlitz blicken kann und Lust habe an ihr, selbst zur Flamme werde gegen alle, die nur Schein sind.

Trinitatis – Gott macht drei Kreuze

Wie das ist mit der Trinität – wer wollte das ergründen?
Dass Du, Gott, einer bist und drei, das lassen die Mathematik und die Logik und alle Schulweisheit nicht zu. Keiner versteht es, doch jeder begreift es, dass Du für uns da sein willst.
Du schaffst aus dem Nichts und erlöst von aller Not und trägst durch dieses Leben und den Tod hindurch. Mehr müssen wir nicht wissen. Mehr braucht es nicht, um zu leben. Mehr ist nicht nötig zum Heilsein. Du gibst Dich hinein in all Deine Geschöpfe, Du stehst fest in unserer Mitte, Du schaffst unserem Sein
Weite und Tiefe.

Mehr gehört nicht in das Buch des Lebens, mehr geht nur über unseren Verstand, mehr ist nicht nütze für die Ewigkeit.
Du lässt unser Dasein vielfarbig werden und gespannt sein über Deinem Kreuz, Du gibst uns Rückgrat und Halt in Deinem Kreuz, Du lässt uns bei uns selbst sein und bei Dir und beim Anderen mit Deinem Kreuz. Mehr ist nicht Not für unser Leben hier, mehr ist nicht Not für unser Leben zu Dir, mehr ist nicht Not für unser Leben im Dienst für den Nächsten.

Du machst drei Kreuze – und siehe, es ist sehr gut. Und es ist golden und strahlend und wertvoll. Ein buntes Mosaik voll Leben und Morgenglanz und Vielfalt. Es ist vollkommen. Mehr geht nicht. Mehr muss nicht. Mehr braucht es nicht. Dank sei Gott!

Fronleichnam – Gott geht Kreuzwege zu uns

Nachdem das Urteil gesprochen, kann der Delinquent gehen. Aus der Gefangenschaft heraus in die Welt, und überall zeigen, der ganzen seufzenden Kreatur, wie frei er ist.

Er kann gehen kreuz und quer und in alle Himmelsrichtungen und beten und jubeln und loben und danken dafür, wie frei er ist. Er kann es herumtragen und darauf deuten und es besingen, wie frei er ist durch das Kreuz.

Und das Urteil darin: Du bist gerecht! Du bist frei! Du kannst gute Frucht bringen und strahlen in alle Welt!

Mariä Heimsuchung – Kreuztanz

Im Tanzkurs des Glaubens geht es nicht darum, irgendeinem Richter zu gefallen, der am Ende Haltungsnoten vergibt und herummäkelt, weil ich irgendwann aus dem Gleichgewicht gekommen bin oder gar einen Fehltritt gemacht habe.
Im Tanzkurs des Glaubens geht es vielmehr darum, auf die Musik zu hören, sich einzustimmen und sich in den Rhythmus Gottes fallen zu lassen. Es geht darum, Schritte zu tun, auch wenn es nicht immer die richtigen sind. Es geht darum, sich führen zu lassen und zur Not auch mal selbst zu führen. Es geht um Leidenschaft für die Musik und darum zu erspüren, wie der andere tanzen will. Es geht darum, eine gemeinsame Mitte zu finden, auch wenn man manchmal den Wiegeschritt probt; den Boden unter den Füßen zu behalten, auch wenn man manchmal abheben möchte; den anderen nicht fallen zu lassen, auch wenn man ihn manchmal von sich stoßen muss.
Im Tanzkurs des Glaubens muss man sich bisweilen etwas sagen lassen und auch schon mal ganz von vorne anfangen.
Und es kann auch nicht ausbleiben, dass man dem Anderen mitunter auf die Füße tritt. Nicht der Gleichschritt ist gefragt, sondern das Mitschreiten. Und immer wieder das Lauschen auf die Musik, die Melodie des Lebens, die uns hüpfen lässt vor Freude. Und wenn wir dann erfüllt sind mit dem Gesang des Geistes, dann tanzt Gott mit uns in den Himmel hinein, den siebenten Himmel SEINER Liebe.

S.E

Benedikt, Patron Europas – Im Kreuz der Welt eine Heimat geben

Monastisch ist man nicht nur, wenn man in einem Kloster lebt – monastisch ist man, wenn man es mit Gott ernst meint und sein Leben als Gottesdienst begreift.
Heilig ist man nicht, wenn man gute Werke und anerkannte Wunder getan hat – heilig ist man, wenn man sich von Gott in der Gnade aufgenommen weiß.
Bischof oder Abt ist man nicht nur, wenn man eine Gemeinschaft von Menschen leitet und bestimmte Rechte ausübt – Bischof oder Abt ist man, wenn man dem einen Schaf hinterherläuft und es rettet, und dem einen Sohn entgegengeht, der nichts mehr von einem wissen wollte.
Weltbürger ist man nicht nur, wenn man viel herumreist und viele Sprachen spricht – Weltbürger ist man, wenn man über den eigenen Tellerrand hinauszublicken versteht.
Heimat hat man nicht durch Grund und Boden – Heimat hat man, wenn jemand einem ein Zuhause gibt.
Patron ist man nicht nur, wenn man sich Respekt bei allen anderen verschafft hat – Patron ist man, wenn man Schutz und Hilfe ohne jede Gegenleistung schenkt.
Benedikt ist man nicht nur dadurch, dass man diesen Namen trägt – Benedikt ist man dadurch, dass Gott uns Gutes zusagt.
Christ ist man nicht durch äußerliche Zeichen – Christ ist man durch das Kreuz!

Sonntage des Menschen 1 –
Auf dem Weg mit dem Kreuz: Gekreuzt in Anfechtung und Trost

Immer wieder aufgespannt, in alle Himmelsrichtungen auf einem Kreuz. Fragen und Herausforderungen und Ärgernissen und Sachzwängen ausgesetzt, auseinandergezogen und auseinandergesetzt, suchend wie in einem Labyrinth:
Wer bin ich? Was bin ich? Woher bin ich? Wozu bin ich?
Für wen bin ich? Durch wen bin ich?

Aufgespannt auf dem Kreuz, wie ein Geschöpf, das sein Schöpfer in alle Möglichkeiten stellt, die Räume auszuloten und in alle Ecken und Enden vorzudringen, die Fühler auszustrecken und im freien Flug das zu entdecken, was ER vorgesehen hat;
allen Himmelsrichtungen nachzudenken, glühend und eifernd und lustvoll und lebendig, das Labyrinth des Lebens und all seine Spannungen aushalten und gestalten.

Das bin ich! Daher bin ich! Dazu bin ich! Für IHN und meinen Nächsten bin ich! Durch IHN bin ich!

Sonntage des Menschen 2 –
Auf dem Weg mit dem Kreuz: Kreuzruhen

Ausgestreckt der Sonne in die Arme sinken, die Muschel am Ohr das Meer hören, Sand durch die Zehen rieseln lassen, auf einem Laken der Seele Ruhe geben, alles gerade sein lassen. Im Ohr eine Musik vom Himmel, hinter den Augenlidern alles schauen. Wasser waschen Kiesel glatt und bringen Blut in warme Wellen.

Keine Suche, keine Auseinandersetzung, keine Spannung zum Zerreißen.

Im Herzen eine Ahnung und ein Vertrauen. In der Mitte durchkreuzt und zur Ruhe geladen.

Sonntage des Menschen 3 – Auf dem Weg mit dem Kreuz: Nach dem Kreuz ist vor dem Kreuz

Ich bin zurück. Hatte mich fast vergessen.
War so ruhig und neu und anders. Jetzt bin ich wieder da.
Die Werkzeuge des Leides stehen bereit. Die Dornenkrone sah ich für Augenblicke als Sonne der Gerechtigkeit, die Lanze und den Schwamm auf dem Stock als Pfähle ins Meer ragen, auf denen man tanzen könnte mit ein wenig Übung und Geschick.

Doch bin ich, der ich bin. Niemand anderes. Niemals.
Ich bin zurück.

Zugleich habe ich etwas mitgenommen: eine Ahnung im Herzen. Ein Vertrauen. Ein Kreuz mitten in mir.

DU bist da – und Du lässt mich nimmermehr!

Kreuzauffindung und Kreuzerhöhung – Das Kreuz richtet auf

Bevor Dein Kreuz mir in den Rücken fiel, meiner Selbstgerechtigkeit und meinem Hochmut das Kreuz brach, da war ich am Boden, ohne es zu wissen. Ich war ganz unten mit der Nase im Dreck, dachte, ich suche Trüffel, und fand doch nur Gift.

Bis ich auf Dein Kreuz stieß, das da unter Erdbergen und Gestein und Schutt verborgen war, an der Schädelstätte, die da heißt Golgotha, und auch mir zur Richtstätte wurde. Ich wollte Gold finden und Macht und Ruhm. Doch ich traf auf den König des Lebens. Ich war über Leichen gegangen, an der Schädelstätte, die da heißt Golgotha. Und fand das, was den Tod überwunden hat. Ich war in Tausende von Teilen zersprungen, bis sich alles ausrichtete nach Deinem Kreuz und in eine Ordnung kam.

Jetzt stehe ich unter Deinem Kreuz. Behütet und beschützt unter dem Schirm des Höchsten.

Erzengeltag – Unter dem Schatten der Kreuzesflügel

Gedenke, Mensch, dass Du gefährdet bist!

Du hast Dich selbst aus dem Paradies entlassen, auf eigene Verantwortung, obwohl Du wusstest, was das bedeutet. Du bist heimatlos geworden und hast Deinen Bruder erschlagen. Du hast belogen und betrogen und Dich mit dem Teufel auf einen Pakt eingelassen. Du hast gemeuchelt und geheuchelt und Dir mit Deinen inneren Dämonen den Verstand weggesoffen.
Du hast gestohlen und geschlagen, den Boden unter den Füßen weggezogen und hinterrücks zugestochen und mit den Kreaturen der Nacht den Tag vergessen.

Du hast Dich verführen lassen und verführt. Du hast Dich immer wieder abgewendet von Deinem Gott in der irrigen Meinung, ein tolles Abenteuer bestehen zu können. Du brauchst den Engel, der nicht zulässt, dass Du Deinen Fuß an einen Stein stößt! Du brauchst den Engel, der Dir sagt, dass Du aus eigener Kraft nicht ins Paradies kommen kannst! Du brauchst den Engel, der Dir zutraut, dass Du zulässt, dass Dir nach dem Willen des Herrn geschehe!

Du brauchst den Engel, der Dir sagt: Fürchte Dich nicht!

Erntedank – Gott gibt alles im Kreuz

Als den Menschen hungerte, da gabst Du ihnen Speise.
Als den Menschen dürstete, da führtest Du sie zum
Wasser des Lebens.
Als der Mensch nackt war, gabst Du ihm Kleidung.
Als er gefangen war, besuchtest Du ihn.
Als er krank war, warst Du für ihn Medizin.
Als er fremd war, gabst Du ihm Heimat.
Als er starb, legtest Du Dich zu ihm in die feuchte Erde.

Weil Du Dich ihm gabst, ganz und gar, im Kreuz!

Du gibst uns alles, was wir brauchen. Unser tägliches Brot und Deine Liebe und Vergebung. Du bist bei uns, wenn wir hungrig, durstig, nackt, gefangen, krank und fremd sind und wenn wir sterben.

Weil Du Dich uns gibst, ganz und gar, im Kreuz!
Dank sei Dir, o Gott!

Und gib uns Kraft, all den Hungrigen und Durstigen und Nackten und Gefangenen und Kranken und Fremden und Sterbenden Nächster und Nächste zu sein. Dass wir Zeugnis geben in dieser Welt für diese Welt, die Deine Welt ist, von Deiner Gabe des Kreuzes und das Kreuz für andere auf uns nehmen.

S.B.

Reformationsfest – Das Kreuz öffnet Türen

Als Martin Luther 1517 seine aus der Bibel gewonnenen Erkenntnisse an die Öffentlichkeit brachte, da wollte er dem Wort Gottes in der Welt zu neuer Geltung verhelfen. Nicht mehr und nicht weniger. Wir haben dabei einen strahlenden Helden vor Augen, der 95 Thesen an die Schlosskirchentür zu Wittenberg nagelte und Kaiser und Papst die Stirn bot. Viel Legende um einen wahren Kern. Dieser Kern aber ist für Luther nichts anderes als das Kreuz. Ist nichts anderes als dieser Christus, der dem Menschen nahe kommt, welcher, hinter verschlossenen Türen seine Sündhaftigkeit versteckend, keine Chance hat, Christus von sich aus zu suchen. Diese Türen öffnet Christus im Kreuz. Er führt durch das Blut der Märtyrer und das Violett der Buße und das Gelb der Kirche und das Grün der Hoffnung und durch alle Behausungen und Höhlen, in die der Mensch sich verkriechen möchte, in das Licht. Es gibt kein Entkommen vor der Gnade Gottes – Gott sei Dank, der unserem Leben im Kreuz neue Räume gibt. Bis in den Tod. Und darüber hinaus.

Allerheiligen – Das Kreuz heiligt

Heilig, heilig, heilig bist Du Gott Zebaoth!

Alles machst Du heil mit Deiner Heiligkeit. Nichts ist heil außer Dir. Und wer an Dich glaubt, der wird das ewige Leben haben. Kein Heiligenschein, kein Nimbus, kein Wunderzeichen. Sondern der Glaube, der Berge versetzt, und bittet, dass seinem Unglauben geholfen wird.

So lässt Du regnen Deine Heiligkeit über Gläubige und Ungläubige und versetzt die Welt in Staunen. Und ob wir leben oder sterben, wir sind heilig in Dir. So sind wir alle Heilige in Dir. So flammen Herrlichkeit und Heiligkeit zugleich auf, und die Welt sieht Blütenblätter fallen auf ihr Unheil, die Schmerzen stillen und Wunden heilen und Trauernde trösten und mit Kerzenflammen die dunklen Gräber auftun, dass das Leben leuchte.

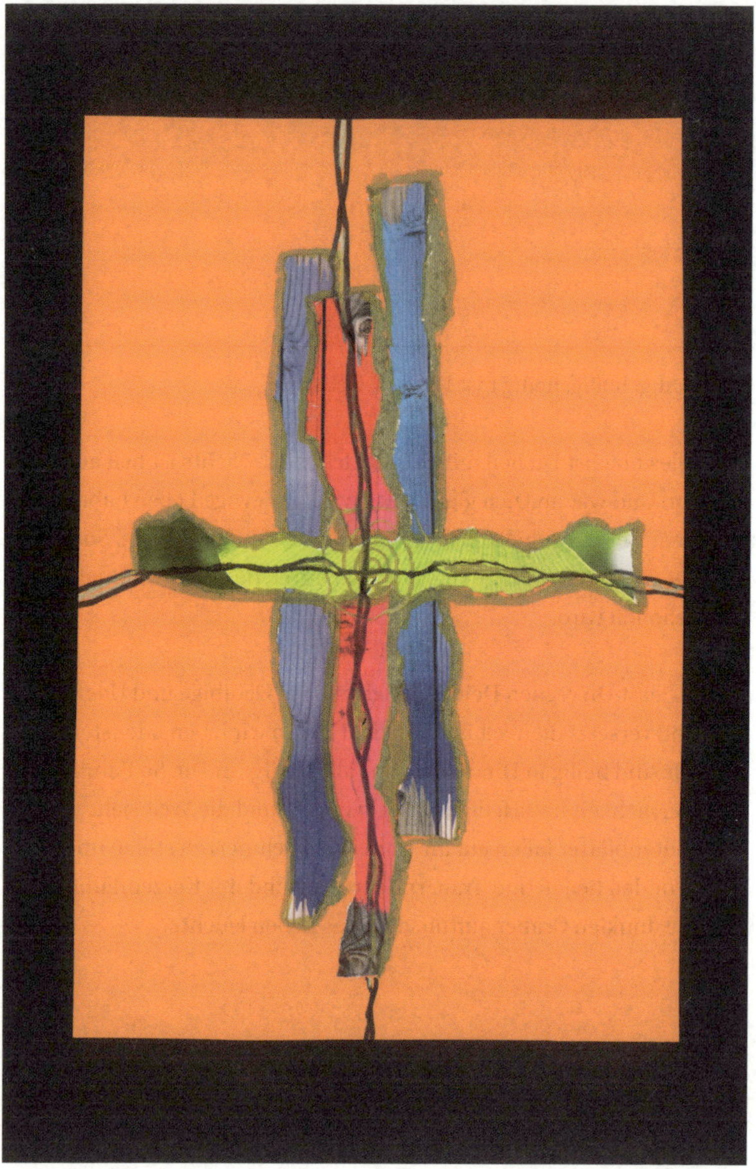

Drittletzter Sonntag – Das Kreuz bricht an

Das Kreuz bricht an. Die Tage des November, regenverhangen, und Nebel ziehen über Gräber. Gedanken so trübe wie der Himmel, und gelegentliche Sonnenstunden stören nur. Auf den Gräbern Arrangements der Wiedergutmachung, die einen Monat halten, vielleicht zwei, wenn man ein paar Euro mehr investiert hat. Eine Kerze brennt ein paar Stunden, solange die Leute über den Friedhof gehen. An einem Grabkreuz klebt Vogeldreck und auf brauner Erde sammeln sich letzte Blätter. Das Kreuz bricht an.

Volkstrauertag – Kreuzleiden

Kreuzleiden. Es tut weh. Ein letztes Blau im Himmel schenkt nicht Hoffnung, sondern das Bewusstsein, wie alles ein Ende haben muss. Wie die Nacht sich senken wird und in Träumen der jüngste Tag schon jetzt sein Urteil spricht. Blutrot ist die Vertikale, und die Frage, wie Gott das alles zulassen kann, drängt sich auf an den Kreuzen all der Namenlosen, die in Kriegen im Dienst für irgendein Vater- oder Mutterland ihr Leben gelassen haben. Dass der Mensch das Kreuz auf sich nehmen muss, wird zu bitterer Wirklichkeit, das Leben wird ein Überlebenskampf, das Kreuz nicht zum Ausdruck der Seligkeit, sondern zum Symbol für unendliches Leid ohne Sinn und Verstand.

S.E

Buß- und Bettag – Kreuzkehre

Gott die Schuld geben – es ist so einfach. Seine Gerechtigkeit in Frage stellen – es ist so einfach. Ihn anklagen – es ist so einfach. Zu fragen, wo er denn war – es ist so einfach. Viel einfacher, als sich selbst zu fragen, in Frage zu stellen, anzuklagen, die Schuld zu geben. Sich zu entschuldigen, das geht fast immer über den Weg, einen anderen Schuldigen zu finden. Und wenn es Gott ist. So machen wir ihm den Prozess und erklären am Ende, dass es das Einfachste ist, wenn wir ihn wegrationalisieren.

Dabei ist es so leicht umzukehren. Es sind die offenen Arme am Kreuz, die uns einladen, unsere Schuld zu bekennen. Es sind die offenen Arme am Kreuz, die uns Vergebung zusagen. Es sind die offenen Arme am Kreuz, die uns nicht abstoßen oder fallen lassen, sondern uns umfangen, ganz und gar und vorbehaltlos. Die uns einen Lichtschein schenken in der Dunkelheit und uns neue Wege auftun. Kreuzkehre.

Ewigkeitssonntag – Lebenskreuz

An einem Grabkreuz klebt Vogeldreck und auf brauner Erde sammeln sich letzte Blätter. Eine Kerze flackert in leisem Wind und sanfter Regen fällt auf Arrangements des Erinnerns. Der Friedhof ist ein Ort des Friedens. Hier ist Ruhe, letzte Ruhe. Für die Lebenden.

Die Toten feiern schon das Fest des Lebens beim Herrn in der Ewigkeit. Denn sein Kreuz ist das Zeichen des Lebens, sein Kreuz macht lebendig und lässt auferstehen, sein Kreuz steht fest und sicher, auch wenn alles andere zusammenbricht. Es verspottet Tod und Teufel und lässt die Sünde blass aussehen. Es spannt seine Flügel aus, so dass auf Adelers Fittichen wir sicher hinweggetragen werden über die Untiefen des Grabesdunkels. So lasst uns leben, jetzt und in Ewigkeit!

Taufe – Das Kreuz bringt an die Quelle des Lebens

Da dürstete den Menschen sehr. Durch Wüsten war er gegangen und Sand hatte sich in seine Kleidung, seine Haare, seine Ohren und Nase gesetzt. Seine Augen waren verklebt von Sonne, Sand und Wind, und er konnte kaum sehen. Er lief sein Leben lang an gegen alle Erwartungen und alles Getriebensein, doch war er nun erfüllt von der Erwartung, sich den Erwartungen zu widersetzen, und war getrieben davon, dem Getriebensein zu entkommen. Es war ein Teufelskreis, und er ahnte, wie es tatsächlich der Teufel war, der ihn orientierungslos herumirren ließ und von Fata Morgana zu Fata Morgana täuschte.

Der Herr ist mein Hirte. Er weidet mich auf grüner Aue und führt mich zum frischen Wasser.

Und plötzlich war da ein Kreuz, aus dem sprudelte das Wasser des Lebens. Und der Verdurstende bat: Sprich nur ein Wort, gib mir nur einen Tropfen Deines Lebenswassers, so wird meine Seele gesund. Und er hörte eine Stimme: Fürchte Dich nicht, denn ich habe Dich erlöst. Ich habe Dich bei Deinem Namen gerufen. Du bist mein.

Ja, Dein bin ich. Benetze mich mit Deinem Wasser und lass mich ertrinken in Dir und lass mich auftauchen als neuer Mensch!

Und der Mensch bleibt im Hause des Herrn immerdar.

S.E

Abendmahl – Das Kreuz gibt Speise und Trank zur rechten Zeit

Du gibst Dich, Herr, in Brot und Wein. Wir essen von Deinem Leib und trinken von Deinem Blut, und haben das volle Korn und sind Reben an Dir, dem Weinstock. Wir haben Gemeinschaft mit Dir, der Du Gemeinschaft mit uns haben willst; und wir haben Gemeinschaft mit allen, die Dich suchen wie wir. Wir stehen unter Deinem Kreuz und wissen, wie heillos wir ohne es wären. Wir gehen zu Deinem Tisch als Deine Gäste und dürfen Dir mitbringen, was immer wir haben. Du strahlst als der Herr des Mahls, als der, der alles bereitet hat, als der, der sich hingegeben hat für uns. Der Du auf Dich genommen hast unsere Sünden und uns geschenkt hast Deine Gerechtigkeit. Herr, Du gibst Dich. Lass uns Deine Gabe hören und sehen und schmecken.

SE

Beichte/Buße – Kreuzschwellen

Wenn es immer enger wird und aussieht, als bliebe nur noch das Grab; wenn die Türen geschlossen sind und kein Durchgang mehr möglich ist; wenn die Fenster immer kleiner werden und am Ende nur noch ein einziger Sonnenstrahl durchbrechen kann – dann geh über Kreuz, Mensch, mit Dir selbst! Überschreite die Schwelle! Finde ein Ohr und Deine Sprache wieder! Rede die Seele frei, löse Deine Zunge! Sprich einem anderen von Deiner Schuld und bete zu Gott! Und höre die Vergebung! Dann öffnen sich Türen, und Fenster werden weit; was aussah wie ein Grab, wird der Resonanzraum des Lebens. Und Du siehst Sonne und Himmel und Weite und Freiheit.

Firmung/Konfirmation – Voll cross

Niemals fällt das Kreuz.

Es trägt so viel; es wird von so unsagbar Schwerem erschüttert. Es vergießt so viele Tränen mit denen, denen nur noch ihre Tränen bleiben; es stirbt alle Tode. Und es lehnen sich alle Ohnmächtigen daran.

Doch es steht fest und fällt niemals!

Es gibt Halt und Aufrichtigkeit im Steinbruch des Lebens, wenn immer wieder an das Innerste gegangen wird und manchmal kein Stein auf dem anderen bleibt, wenn man sich fühlt wie gesteinigt – dann steht da immer noch das Kreuz!

Es trägt und duldet und weint und gibt den Ohnmächtigen Halt und Aufrichtigkeit. Und es befestigt und es fällt niemals.

Jetzt geht ins Leben, freut Euch und macht was draus! Und denkt daran: Ihr könnt immer wieder zurückkehren zum Kreuz, das Euch fest macht und niemals fällt!

Ehe – Ein Kreuz in jeder Beziehung

Als sie die Ringe ansteckten, war alles himmlisch. Die Feier, die Menschen um sie herum, sie selbst. Die Liebe. Als der Alltag kam und die Routine, wurde alles irdisch. Die Wohnung, die Arbeit, die Gespräche. Die Liebe. Als die Routine sie aufzufressen begann, war alles – das Essen, das Fernsehen, der Urlaub, das Anstarren und Schweigen – die Hölle. Auch die Liebe. So geht es nicht weiter. Das wussten sie. Und sie hatten Angst davor. Denn am Anfang war es doch mal der Himmel gewesen. Dagegen malten sie Kästchen auf den Boden. Man nennt das Spiel »Himmel und Hölle«. Und sie nahmen Steine, mit denen sie sich gerade noch beworfen hatten, und hüpften wie die Kinder. Im Zentrum trafen sie sich wieder. Dort, wo die Balken des Kreuzes übereinanderliegen. Wo Himmel Hölle trifft und umgekehrt und Mitte ist statt Extremen. Und sie fanden sich wieder. Und als sie weitergingen, auf den Balken des Kreuzes entlang, schritten sie neue Räume aus.

Priesterweihe/Ordination – Dienst am Kreuz

Wort und Brot und Wein
Am Kreuz und unter dem Kreuz und manches Mal auch als Kreuz empfunden
Für die Menschen und für Gott
Gesang und Gebet
Und Menschen begleiten an allen Stationen des Lebensweges
Aufzeigen und anzeigen und Weg zeigen
Und bezeugen
Beruf und Berufung und Ruf
An die Hand nehmen und die Hand reichen
Mitlachen und mitweinen
Jugend und Mitte und Alter
Per Telefon, per Email, in einer Umarmung
Auf der Kanzel, am Altar, am Küchentisch und im Ferienlager
Im Beichtstuhl und von Angesicht zu Angesicht
Leben und Tod
Trost und Anfechtung
Das ganze Kaleidoskop des Lebens
Offenbarung und Geheimnis
Das ist Dienst Gottes an uns
Und das ist unser Dienst für Gott und den Menschen
Das ist Dienst am Kreuz

S.E

Krankensalbung – Heilkreuzer

Wenn ich einmal krank bin, dann möchte ich, dass mir einer die Hand hält und ein Kreuz in meine Hand malt und mir sagt: »Christus ist Dein Arzt – darum bist Du gesund, auch wenn Du krank bist!«

Wenn ich einmal sterbe, dann möchte ich, dass mir ein anderer ein Kreuz in meine Hand malt und mir sagt: »Christus ist am Kreuz auch Deinen Tod gestorben und Du kannst loslassen, Dir ist alles vergeben und Du kannst alles vergeben, es ist alles gut, und es ist alles bereit, lass Dich in SEINE Arme fallen«, und dass ich meine Hand auf dessen Hand legen kann und mich lösen, wenn ich will, und ER mich an die Hand nimmt, um mit IHM hinüberzugehen.

Wenn ich einmal gestorben bin, dann möchte ich, dass mir einer ein Kreuz auf die Stirn malt und mich segnet und mir zusagt, was ich dann schon weiß, weil es auch ihn trösten wird.

Wenn ich einmal zu Grabe getragen werde, dann möchte ich, dass über dem, was dann von mir noch sichtbar ist, das Kreuz aufgerichtet wird, weil es das Zeichen des Lebens ist.

Und wenn ich lebe, hier und in Ewigkeit, dann soll das Kreuz seine goldenen Strahlen in die Welt senden, über alle Krankenbetten und Leichenbahren und Sorgen und Ängste und Schmerzen und Trauer, denn die Treue Gottes ist stärker als alles und trägt durch all dies hindurch.

S.E

Beerdigung – Triumphkreuz

Und da stand er und trat der Schlange auf den Kopf. Er hielt ein Flammenschwert in der Hand, das kein Schwert mehr war, sondern ein Hirtenstab.
Und er holte mich verlorenen Menschen zurück ins Paradies.

Er leuchtete und ich sah ihn als Engel.
Doch es war Christus selbst, der mir mit dem Kreuz entgegenkam und mir bedeutete, ich könne mich darauf stützen und an seiner Hand festhalten und aus der Umschlingung der Schlange herauskommen

Und so ging ich mit ihm ins Paradies.
Und war es ein Engel oder Christus oder ein Flammenschwert oder ein Hirtenstab? Es war das Kreuz, das Lösung brachte, das Kreuz, das Erlösung brachte, das Kreuz, das mich ins Leben rief und mich lachen ließ und Sünde, Tod und Teufel zu einem Spott machte.

Und so ging ich ins Paradies, lachend und für immer und zu IHM.

Immer und überall und von vorne bis ans Ende und A und O – Kreuz-Wort-Rätsel

Erlösung mit fünf Buchstaben?
Freiheit aus Dornen geboren?
Leben aus dem Holz?
Hoffnung durch Leiden?
Gute Werke von Fingern, die in die offene Wunde gelegt waren?
Ein Gott, der in Anfechtung gerät, der fragt und klagt und stirbt?
Ein Hinrichtungswerkzeug als Hoffnungszeichen ewigen Lebens?
Eine Torheit, ein Skandalon als Weisheit und als Grund des Glaubens?

Keine Fragen für die Rätselecke. Keine Fragen, die die Vernunft zufriedenstellend beantworten könnte. Keine Fragen, die erledigt wären. Keine Fragen, die dem Willen entgegenkämen. Keine Fragen für zwischendurch.

Eine Frage des Glaubens. Eine Frage der Gewissheit. Eine Frage der Freiheit. Eine Frage des Trostes.

Erlösung mit fünf Buchstaben – waagerecht und senkrecht – vom Anfang bis ans Ende – immer und überall. A und O!

Dem Kreuz nachdenken

1. Das Kreuz mit dem Kreuz – Das Ärgernis

Schon Paulus war es klar. Als er an die korinthische Gemeinde schrieb, brachte er auf den Punkt, was davon zu halten ist: Für die Juden ist es ein Skandal, ein Skandalon, ein Ärgernis; für die Griechen eine Torheit, die ihrer Vernunftweisheit ein Dorn im Auge sein muss. Ein Schandfleck, ein Symbol römischer Imperialherrschaft und grausamer Strafgerichtsbarkeit[1] allen, die es sehen; denen, die es miterlebt haben, erst recht denen, denen die Zusammenhänge durch zeitlichen, räumlichen und kulturellen Abstand fremd geworden sind. Und heute, da wir wissen, dass die Texte der Bibel nicht vom Himmel gefallen sind, da wir wissen, dass Glaubenssätze der Kirche in Abhängigkeit von vielen historischen Zufälligkeiten entstanden sind, und da wir wissen, dass man auch und gerade mit religiösen Traditionen kritisch umgehen darf, ja: soll und muss – da wird die Einschätzung des Paulus zur eigenen Erfahrung. Es ist uns selbst fremd, es ist uns ein Skandal, ein Ärgernis, an dem wir Anstoß nehmen, und eine Torheit, die unserer Vernunftweisheit fundamental zu widersprechen scheint. Das Kreuz.

Das Kreuz ist neu ins Gerede gekommen, und Theologie und Kirche tun sich mitunter schwer, jenseits ausgetretener Pfade dem Ärgerlichen und dem Törichten daran zu begegnen. Denn es muss ja beides geschehen: Einerseits sollen die Anfragen ernst genommen werden, andererseits aber soll begründet und verantwortet eine Theologie des Kreuzes vertreten werden können. Immer wieder spiegelt die Geschichte des Christentums die Schwierigkeiten wider, die sich einer schlüssigen Argumentation in den Weg stellen, und sie gipfeln in der Frage: Warum musste Jesus sterben, noch dazu auf eine so grausame Weise? Die Glaubwürdigkeit Gottes selbst steht auf dem Spiel, wenn das Heil der Menschen am Tod, ja an der Hinrichtung seines eigenen Sohnes hängt. Wenn er nur durch den Tod seines Sohnes, also ein Opfer, ein Menschenopfer versöhnt werden kann – was ist das für ein Gott? Mindestens auf drei Ebenen werden Fragen laut[2]: Ist Gott sadistisch? Kann es einen stellvertretenden Tod geben, so wie man eine Geldschuld durch einen anderen begleichen lassen kann? Und: Findet über den Sühnopfergedanken nicht eine Engführung statt, die alle Theologie auf Sünde (noch dazu eine unverständliche Erb-Sünde) und individuelle Erlösung statt auf das Leiden der Opfer konzentriert?[3] Soll das Leiden letzten Endes befürwortet und Unterdrückungsgeschichten, etwa die der Frau, durch das Leiden Christi legitimiert, schöngeredet werden? Ruft nicht der Opfertod eines Menschen, der zugleich Gott ist, geradezu zu einer widerstandslosen Opferbereitschaft auf?[4]

Daran schließen sich Fragen an die christliche Abendmahlsbzw. Eucharistiefeier an: Ist es richtig, im liturgischen Gesang des »Agnus Dei«, des »Christe, Du Lamm Gottes« offenbar diesen Opfergedanken lebendig zu halten? Und machen Spendeworte wie »Christi Leib, für Dich gegeben; Christi Blut, für Dich vergossen« uns nicht heute immer noch, 2000 Jahre später, zu Schlächtern des Gottessohnes?

Schnell wird deutlich: Es geht nicht um das Kreuz als Zeichen oder Symbol, sondern es geht um das, was theologisch mit dem Kreuz in Verbindung zu bringen ist. Es geht um Sünde und Erlösung. Anselm von Canterbury, dessen Lehre, wie noch zu sehen sein wird, Auslöser für viele Fragen und Probleme ist, hatte eine seiner wichtigsten Schriften betitelt mit »Cur Deus homo?« – »Warum ist Gott Mensch geworden?« Die hier zur Diskussion stehende Frage müsste in Anlehnung daran noch radikaler formuliert werden: »Warum ist Gott gekreuzigt worden? Warum ist er gestorben?«

Wir sind geneigt, das Kreuz sofort im Licht der Auferstehung zu sehen. Sie macht das Schlimme der Kreuzigung weniger schlimm, sie bringt das Licht in die Dunkelheit und überstrahlt an Ostern das Karfreitagsgeschehen. Das Auferstehungsereignis wird der Schlüssel zum Verstehen des Kreuzes. Banal ausgedrückt: ohne Tod keine Auferstehung. Das leuchtet jedem ein und lässt das Kreuz in einem scheinbar freundlicheren Licht erstrahlen. Alle Diskussionen um das Sühnopfer und andere Unbequemlichkeiten des Karfreitags sind am Ostermorgen ebenso weggerollt wie der Stein vor dem Grab. Aber dahinter ist nicht nur das Grab leer. Zugleich ist damit die Bedeutung des Karfreitags leer geworden. Freilich ist es richtig: Ohne Auferstehung bleibt der Karfreitag tot.

Eine der prominentesten Debatten hat in den vergangenen Jahren Klaus-Peter Jörns ausgelöst, der mit seinem Buch »Notwendige Abschiede«[5] vieles in Frage gestellt hat, was zum traditionellen Glaubensgut gehört. Die Rolle der Schrift gehört dazu ebenso wie die der Kirche, der Begriff der Offenbarung oder die Festsetzung von Glaubensinhalten in bestimmten Bekenntnissen.[6] Einen breiten Raum nimmt der »Abschied vom Verständnis der Hinrichtung Jesu als Sühnopfer und von dessen sakramentaler Nutzung in einer Opfermahlfeier«[7] ein. Die Deutung des Todes Jesu als Sühnopfer ist freilich nur eine von vielen, jedoch ist sie die vermutlich anstößigste. Jörns bemerkt zu Recht, dass in dem Moment, wo über den Tod Jesu nachgedacht wird, »innere Bilder von dem, was auf Golgotha geschehen ist, wichtig«[8] werden. Es ist nicht wegzudiskutieren, wie uns »der Gekreuzigte und die kirchlichen Liturgien des Abendmahls bzw. der Eucharistie« einfallen »und besonders die Formeln, die bei der Kommunion gesprochen werden«.[9] Exegetische und religionswissenschaftliche Untersuchungen führen Jörns schließlich dazu, die in der Geschichte des Christentums mächtig gewordene

Opfervorstellung zu den Akten zu legen und als eine Konsequenz daraus der biblisch bei Johannes belegten Fußwaschung den Vorzug zu geben gegenüber der mit solch falschen Vorstellungen belasteten Feier des letzten Mahles. Kirche und wissenschaftliche Theologie sahen sich gleichermaßen herausgefordert, auf Jörns und diejenigen, die in seinen Spuren wandelten, zu reagieren;[10] die Diskussionen erinnerten stark an Debatten früherer Jahrzehnte, die vor allem in den 60er und frühen 70er Jahren schon einmal ausführlich um dieses Thema rankten.[11] Es wäre wünschenswert, wenn diese Auseinandersetzungen um die Deutungen des Todes Jesu einmal vor dem Hintergrund des jeweiligen historischen Kontextes näher beleuchtet würden, denn es scheint mir kein Zufall zu sein, dass sie just in Zeiten relativer religiöser Orientierungslosigkeit und eines zunehmenden Verlustes kirchlicher Autorität geführt werden, und zwar von denen, die traditionelle Elemente als nicht mehr geeignet ansehen, dem Zeitgeist Antworten zu geben, und angesichts bestimmter politischer Entwicklungen ein gewaltfreies, friedliches Christentum stark machen. Dazu passt ein Gott, der seinen Sohn opfert, ganz und gar nicht.

Gerade aber, wenn diese letzte Beobachtung zutreffen sollte, dann wird es Zeit, dem Kreuz in unseren Tagen erneut das Rückgrat zu stärken. Denn eine Theologie, die danach fragt, wie sie den Zeitgeist befriedigen kann, ist keine Theologie. Eine Theologie, die sich nach Erwartungen richtet, prostituiert sich. Eine Theologie, die gute Gefühle wecken will, verrät den, an den sie glaubt. An einer Theologie, die glatt und ohne Ecken und Kanten daherkommen möchte, kann man nur abprallen. Eine Theologie, die Gemütlichkeit und Bequemlichkeit ausstrahlt, gehört nicht in die Kirche, sondern in ein Wellness-Hotel mit Spa-Angeboten und esoterischen Wochenendseminaren. Zugegeben, das sind scharfe Worte. Und sie dürfen auch nicht missverstanden werden: Natürlich soll die Theologie den Zeitgeist wahr- und ernst nehmen – aber sie darf ihm nicht entgegenkriechen; natürlich soll sie auf Erwartungen eingehen – aber sie darf sich nicht von ihnen bestimmen lassen; natürlich sollen sich Menschen mit ihr wohl fühlen – aber nicht um den Preis inhaltlicher Spitzen, die auch mal wehtun können; natürlich soll sie nicht nur aus Ecken und Kanten bestehen, dass man sich daran verletzt – aber sie soll den Eckstein nicht vergessen, aus dem sie lebt; natürlich soll sie nicht abstoßend wirken, sondern einladend – aber was sie anzubieten hat, ist Geborgenheit, nicht Gemütlichkeit.

Die Diskussion um die Bedeutung des Todes Jesu und darin die um das Kreuz treffen wie kein anderes Thema die Mitte der christlichen Theologie. An ihr entscheidet sich die Glaubwürdigkeit dessen, was Theologie und Kirche zu sagen und zu tun haben. Wer das Kreuz verharmlost, an die Seite schiebt oder gar ganz ohne es meint auskommen zu können, der wird es mindestens schwer haben, auf dem Markt der Möglichkeiten das anzubieten, was nur christliche Theologie anbieten kann. Wer sich selbst am Wort vom Kreuz ärgert oder es zur Torheit erklärt, der wird kaum in der Lage sein, das Tröstende, Gewissmachende und Befreiende der christlichen Botschaft zu erfahren sowie in Lehre und Leben zu bezeugen und zu vermitteln.

Als Martin Luther 1518 vom Konvent der Augustinereremiten in Heidelberg zu einer Disputation geladen wurde, hat er sich mit seinen Thesen genau in diese Mitte der Theologie hineinbegeben und in wenigen Worten eine Theologie des Kreuzes entwickelt. Gewiss: So klar wie in Heidelberg hat Luther nie wieder eine Theologie des Kreuzes angesprochen beziehungsweise einen Theologen des Kreuzes gefordert. Doch bedeutet die Einzigartigkeit einer solch exponierten Stellung, dass ihm die Kreuzestheologie vielleicht gar nicht so wichtig gewesen ist? Martin Hoffmann formuliert in seinem »Studienbuch Martin Luther«, in dem er ein ganzes Kapitel der Kreuzestheologie reserviert: »Die Kreuzestheologie stellt keine besondere Periode von Luthers Theologie dar, [...] sondern sie ist das Prinzip seiner gesamten Theologie. Sie charakterisiert sein ganzes theologisches Denken.«[12] Dem ist unbedingt zuzustimmen – und dem ist ebenso unbedingt immer wieder neu nachzudenken. Die Kreuzestheologie ist Kern und Mitte des theologischen Denkens und Handelns Martin Luthers.[13]

Eine der Stärken der protestantischen Theologie liegt darin, sich von dem biblischen Zeugnis allein in Anspruch genommen zu wissen und diesem Anspruch zugleich so gerecht zu werden, dass sie diese biblische Botschaft in ihrer je eigenen Gegenwart in angemessener Sprache und als Antwort auf die Herausforderungen dieser Gegenwart vermittelt. Gerade deshalb tut sie gut daran, sich auch und gerade im Blick auf die Bedeutung des Todes Jesu und der des Kreuzes an Luther zu erinnern. Soll mit 2017 eine reformatorische Besinnung nicht an ihr Ende gekommen sein, sondern beginnen und dem einzelnen Christenmenschen wie den Gemeinden Auftrieb geben, dann wird in den zukünftigen Jahren zentralen Themen nachzudenken sein: der Rolle der Heiligen Schrift (Leipzig 1519), der Begründung der Ethik (Sermon von den guten Werken 1520), dem kirchlichen Amt (Adelsschrift 1520), den Sakramenten (Von der Babylonischen Gefangenschaft der Kirche 1520), dem Wesen der Freiheit (Freiheitstraktat 1520), dem Gewissen und der Standhaftigkeit eines Christen (Worms 1521), dem Verhältnis von Kirche und Staat (Obrigkeitsschrift 1523), dem freien Willensvermögen und dem Menschenbild (Streit mit Erasmus 1525), dem Wesen der Gemeinde und der Bedeutung von Kirchenordnung (Gesangbuch, Katechismen, Kirchenordnungen 1526–1530) und schließlich dem Bekenntnis (Augsburg 1530). 2018 wäre dann das Jahr des Gedenkens der 500. Wiederkehr der Heidelberger Disputation, in dem mit Luther neu über das Kreuz zu sprechen ist. Beileibe aber nicht deshalb, weil es sich um ein Jubiläumsjahr handelte, weil Luther neu auf Sockel zu heben wäre und eine Gegenwartstheologie trotz der 500 Jahre dazwischen sich notwendig auf Luther beziehen müsste. Sondern weil die Sache selbst, weil das Evangelium und Paulus es erfordern.

Die folgenden Überlegungen wollen daher ihren Anfang darin nehmen, in gebotener Kürze einen Streifzug durch die Kulturgeschichte des Kreuzes im Christentum bis hin zu Luther zu unternehmen. Dieser Streifzug geschieht bewusst ohne jeden Anspruch auf Vollständigkeit. Es soll durch einige Momentaufnahmen lediglich aufgezeigt werden, wie wenig selbstverständlich es in der frühen Zeit trotz der paulinischen Konzentration auf das Kreuz und das Christusgeschehen gewesen ist, das Kreuz als Identifikationsmarker des Christentums zu verstehen – die Schwierigkeiten, die wir heute zum Teil haben, unterscheiden sich nicht so sehr von denen der jungen Kirche. In gleicher Weise soll streiflichtartig dargelegt werden, welche Wege Kirche und Theologie anschließend mit dem Kreuz gingen und welches Christusbild – und das heißt notwendig immer zugleich: welches Gottes- und welches Menschenbild – sich jeweils damit verbunden hat.[14] Vor diesem historisch-kulturellen Hintergrund wird umso klarer hervortreten, welche Pointe Luther mit seiner Theologie des Kreuzes (theologia crucis) gesetzt hat und warum und in welcher Hinsicht sie heute noch bedeutsam für protestantisches Selbstverständnis ist.[15] Da es erklärte Absicht ist, mit Luther der Kreuzestheologie zu neuer Geltung zu verhelfen, wird die Geschichte des Kreuzes nach Luther nicht explizit beleuchtet werden. Stattdessen wird ein Plädoyer für das Kreuz den

»garstigen Graben« sehr wohl bedenken, Positionen aus der Zeit nach Luther berücksichtigen wie die Anfragen unserer Tage ernst nehmen – und dennoch oder gerade deswegen einer Theologie des Kreuzes im Sinne Luthers das Wort reden.

2. Das Kreuz in der Geschichte – Das Symbol

2.1 Das Kreuz macht Probleme: Zeichen der Schande

Wie kann der Tod Jesu, von dem die Evangelien unterschiedlich ausführlich und mit jeweils eigenen Akzenten berichten, gedeutet werden? Diese Frage beschäftigt die Theologie von ihren Anfängen an, und heute wissen wir, dass die Berichte im Neuen Testament sowie das, was bei Paulus und in anderen Briefen darüber zu lesen ist, selbst schon so etwas wie Deutungsversuche darstellen. Der Tod Jesu, der mindestens ein charismatischer Wanderprediger war, raubte so Manchem die Illusion und die Hoffnung, er könnte die erhoffte Zeitenwende herbeiführen, von der ungeliebten römischen Besatzungsmacht befreien, ja sogar der Messias sein, von dem die alten Schriften gesprochen hatten. Dass einer, der von sich behauptete, der Sohn Gottes zu sein, stirbt, war seinen unmittelbaren Zeitgenossen sicher nicht weniger unverständlich und anstößig als uns heute und erfuhr erst durch die Berichte von seiner Auferstehung jene Zurechtrückung, die das Geschehen erträglicher macht. Aber auch mit der wundersamen Auferstehung war noch nicht geklärt, welche Bedeutung dem Tod selbst zukommt, der zudem noch auf eine Art und Weise herbeigeführt wurde, wie man sie sich grausamer nicht vorstellen kann. Im Gegenteil: Eigentlich wurde es erst durch Ostern notwendig, dieses Kreuz verständlich zu machen.[16]

Es ist hier nicht der Ort, die verschiedenen Möglichkeiten der Deutungen des Todes Jesu im Neuen Testament zu diskutieren und Debatten zu referieren, die zu Recht ganze Bücherregale füllen.[17] Es reicht zu wissen, dass der Tod Jesu nicht aus sich selbst heraus verständlich ist und also einer Deutung bedarf; und es reicht ferner zu wissen, dass die wohl anstößigste Interpretation, Jesus sei ein Opfer, das die Versöhnung des Menschen mit Gott bewerkstelligen soll, nur eine neben anderen ist. Andere Modelle sind etwa das des Freundschaftsdienstes (ein Freund opfert sich anstelle des Freundes – etwas, was alle noch kennen, die Schillers Gedicht »Die Bürgschaft« im Schulunterricht kennen- und auswendig gelernt haben), das Modell des Loskaufes oder des Gedankens der Partizipation (wie in den Mysterienreligionen, nach denen der Fromme Anteil am Schicksal einer sterbenden und wieder auferstehenden Gottheit erhält). Die Briefe des Paulus entstehen etwa 20 bis 30 Jahre nach den Geschehnissen um diesen Jesus von Nazareth und deuten das Kreuz bereits nachösterlich. Will man verstehen, was Paulus zum Kreuz sagt, muss man natürlich bedenken, in welcher Situation und zu welchem Zweck er seine Briefe verfasste. Sie dienten vor allem dazu, in den Gemeinden ein Verständnis dafür zu wecken, wer dieser Jesus als der Christus ist, und auf dieser Basis für eine bestimmte Ordnung zu sorgen, und zwar in Lehre und Leben. Zudem hatte es Paulus vor allem mit solchen Gemeinden zu tun, die in griechisch-römischer Lebensweise und in diesem Weltdeutungssystem zuhause und denen die jüdischen Wurzeln der christlichen Lehre nicht so sehr vertraut waren. Bei ihm erhält der Begriff der Versöhnung Vorrang vor den anderen Modellen. Damit waren die anderen nicht erledigt. Aber im Zusammenhang mit der Sicht auf die Menschen, die Paulus vertrat, mit Blick auf sein Sünden- und Gnadenverständnis wird für ihn die Frage wichtig, wie der Mensch aus seiner unheilvollen Sündenverfallenheit herauskommen kann. Das Kreuz beziehungsweise der Tod des Gottessohnes bekommt eine neue Rolle zugeschrieben: die der Versöhnung. Was aber unbedingt zu beachten ist: Gott versöhnt den Menschen mit sich – nicht umgekehrt! Es wird also nicht von Seiten des Menschen ein Sühnopfer dargebracht, sondern Gott selbst ist der aktive Part in diesem Versöhnungsgeschehen (vgl. Röm 5,10f. 11,5; 2Kor 5,18–21) und gibt sich zum Sühnopfer. Das ist spätestens dann von immenser Bedeutung, wenn über das Opfer zu reden sein wird. Denn dieser fundamentale Grundgedanke schließt so manche Missinterpretationen, welche die Kirche in ihrer langen Geschichte vorgenommen hat, von vornherein aus. Und: Bei Paulus erledigt sich das Kreuz nicht durch die Auferstehung: »Für Paulus bleibt Jesus auch nach der Auferstehung der Gekreuzigte«.[18]

Obwohl also das Kreuz und der Tod Jesu in den neutestamentlichen Texten so prominent begegnen, spielen sie in der altchristlichen Tradition zunächst noch nicht die Hauptrolle.[19] Dafür gibt es mehrere, ganz einleuchtende Gründe. Zum einen waren die Texte, die wir heute als die neutestamentlichen kennen, noch nicht zu einem verbindlichen Kanon zusammengeschlossen; andere, konkurrierende Texte waren überall im Gebrauch, die andere Schwerpunkte setzten (vor allem ethische und liturgisch-kultische Anweisungen, die das Gemeindeleben regeln sollten). Ein weiterer Grund liegt darin, dass das Kreuz als Zeichen der Schande ungeliebt war und daher nicht wirklich als Identifikationsmerkmal dienen konnte. Wollte sich eine sich stabilisierende und mächtiger werdende Gemeinschaft ausgerechnet über ein Symbol der Ohnmacht und der Niederlage definieren? Ganz sicher nicht. Je mehr die Gemeinden in die Öffentlichkeit und aus dem jüdischen Raum heraus vordrangen, desto schwieriger wurde es, das Kreuz und den Tod dessen, den man als Gott verehrte, plausibel zu machen. Zumindest nach außen hin war dieses Zeichen missverständlich und blieb ja das Skandalöse und Ärgerliche; es konnte also nur zum Spott dienen, aber kaum Größe und Stärke demonstrieren. Besonders griffig wird dies, wenn man sich das Spottkruzifix vergegenwärtigt, das als Graffito an einer römischen Hauswand prangte: Es stellt einen als Alexander benannten Mann dar, der unter einem Kreuz betet – die Gestalt, die da am Kreuz hängt, hat allerdings einen Eselskopf. Einen Gekreuzigten als Gott anzubeten, ist also nichts anderes als eine große Eselei, eine Narrheit, dumm – ein Skandal und ein Ärgernis.

Schließlich und vor allem ist ein dritter Grund in Anschlag zu bringen: Es scheint uns heute selbstverständlich zu sein – und so bekennen wir es im Glaubensbekenntnis –, dass Jesus Christus Gottes Sohn und dass er wahrer Gott und wahrer Mensch zugleich ist; und wir haben auch unsere Formeln dafür, wie Erlösung geschieht: »Jesus Christus ist für unsere Sünden gestorben«, »Jesus Christus ist unser Heiland und Retter« usw. – diese Sätze kommen uns recht leicht über die Lippen. Wenn wir aber erklären sollten, wie das alles genau zu denken ist, dann beginnen verständlicherweise Schwierigkeiten. Schwierigkeiten, die nicht etwas damit zu tun haben, dass sich etwa Glaube und Vernunft widersprechen würden (dafür läge ein falscher Begriff von Glaube zugrunde), sondern damit, dass durch die Geschichte hindurch und geprägt von unterschiedlichen Kulturen Begriffe immer schon »besetzt« sind und es so unglaublich kompliziert wird, diesen Glaubensüberzeugungen zu einer unmissverständlichen und angemessenen Sprache zu verhelfen. Diese Schwierigkeit, die uns heute noch begegnet, dürfen wir uns in den Anfängen der christlichen Lehrbildung noch einmal gesteigert vorstellen. Da prallten der lateinische Westen auf den griechischen Osten, also Sprachen und Kulturräume, philosophische Begriffe und

Vorstellungswelten aufeinander, die mitunter für komplette Verwirrung sorgten und um die erbittert gekämpft wurde. Wie das Verhältnis von Gott-Vater und Gott-Sohn zu denken ist, ohne den Grundsatz des Monotheismus aufzugeben, und wie man sich das vorzustellen hat, wenn ein Gott menschliche Gestalt annimmt – das und etliche daran anknüpfende Fragen waren ein großes Feld für komplexe Diskussionen, Streit und das ein oder andere Gedankenknäuel; nicht zuletzt ging es dabei auch um Vorrangstellung und Macht in der immer größer werdenden Kirche. Die Formeln, die schließlich mit Blick auf das Verhältnis Gott-Vaters und Gott-Sohnes, also die Trinitätslehre, 325 auf dem Konzil von Nizäa und 380 auf dem Konzil von Konstantinopel sowie mit Blick auf das Verhältnis von göttlicher und menschlicher Natur Jesu Christi, also die Christologie, auf dem Konzil von Chalzedon 451 gefunden wurden, verdeutlichen eher die Größe der Problemlage als dass sie leicht verständliche Lösungen boten. Wenn es nun aber so lange gedauert hat, bis diese Fragen zumindest ansatzweise gelöst waren – spätere theologische Kontroversen bis in die Gegenwart hinein verdeutlichen, wie darum immer noch und immer wieder gerungen werden muss –, ist es evident, dass auch die Frage nach der Bedeutung des Todes Jesu und nach dem Kreuz lange nicht klar beantwortet werden konnte, eben weil sie stets mitschwang: Bei allen Debatten ging es im Tiefsten immer darum, wie Erlösung »funktionieren« konnte. Das »dass« des Todes Jesu schien für das Erlösungsgeschehen ebenso notwendig zu sein wie das »wie« kompliziert. Wenn nicht einmal völlig durchdacht werden konnte, was genau es mit diesem Jesus von Nazareth auf sich hat, der als der Christus bekannt wurde – wie sollten dann sein Tod und darin das Kreuz bestimmt werden können, ohne in neue Fallstricke zu laufen und sich im Dschungel der Interpretationsmöglichkeiten zu verirren?

Und noch ein viertes Moment ist zu bedenken: Was bildet man eigentlich ab? Das alttestamentliche Bilderverbot schien genau in dem Augenblich neu bedacht werden zu müssen, als geklärt war, dass der Mensch Jesus auch der Christus und voll und ganz Gott ist. Durfte man diesen Jesus Christus abbilden? Symbole waren da hilfreicher. Nun gesellte sich aber das nächste Dilemma hinzu: Die Evangelien berichten nichts darüber, wie das Kreuz Christ ausgesehen hat. Vorbilder gab es – doch welches war das richtige? Das lateinische Kreuz (†) hat sich allmählich durchgesetzt, weil es an seinem oberen Ende Platz für die Tafel bot, auf der der Anklagegrund zu lesen war: »Jesus von Nazareth, König der Juden«.

2.2 Das Kreuz wird gedeutet: Zeichen der Allmacht Gottes

Wir haben aus der Frühzeit der Kirche daher nur einige wenige Zeugnisse, dass und wie das Kreuz Verwendung gefunden hat. Dabei wird deutlich, dass ihm eine positive Funktion zugeschrieben wurde, aber noch weitgehend losgelöst von einem Erlösungs- oder Versöhnungsgedanken. Eher dürfte verinnerlicht gewesen sein, dass der Tod Jesu am Kreuz etwas Ungeheures und zudem die notwendige Voraussetzung für seine Auferstehung gewesen ist – das erklärt, warum es als Schutz vor Gefahr und Tod und als Identifikationssymbol begegnet. So wurde das Kreuz zum Beispiel als Versiegelungszeichen bei der Taufe eingesetzt, auch hier wohl vor allem als Schutzzeichen. Bei dem römischen Schriftsteller Tertullian (nach 150 bis nach 220) ist sogar von einem alltäglichen Gebrauch des Kreuzes in eben dieser Hinsicht zu lesen: »Bei jedem Schritt und Tritt, bei jedem Eingehen und Ausgehen, beim Bekleiden und Schuhanziehen, beim Waschen, bei Tisch, beim Lichtanzünden, Schlafengehen, Niedersetzen und, welche Tätigkeit wir immer ausüben, bezeichnen wir die Stirn mit dem Zeichen.«[20] Es ist ziemlich offensichtlich, dass das

Kreuzzeichen hierbei die Funktion hatte, das Böse abzuwehren (apotropäische Funktion); zugleich sollte es die Identität und das Selbstbewusstsein dessen stärken, der das Kreuz schlägt und sich so als Christus zugehörig erklärt. Dass das Henkelkreuz aus dem ägyptischen Raum das Zeichen für Leben war, dürfte eine willkommene Analogie gewesen sein. Seit dem dritten Jahrhundert gibt es dazu passend kleine Siegelsteingemmen mit einem Korpus, die wohl apotropäischen wie magischen Zwecken dienen sollten. Auch das Kreuzschlagen über dem eigenen Körper, das bereits im zweiten Jahrhundert bezeugt ist, dürfte eine solche Schutz- und Bekenntnisfunktion gehabt haben, ab dem frühen Mittelalter gewinnt die Selbstbekreuzigung an Bedeutung, als eine ausgefeiltere Liturgie ihr einen neuen Stellenwert zuschreibt.[21]

Dass das Kreuzzeichen die Zugehörigkeit zu dem Gekreuzigten anzeigen soll, wird aus folgendem Text Tertullians ersichtlich: »Wenn er vorausschickte und danach hinzufügte, auch Christus habe gelitten und seine Gerechten würden ebenso leiden, sowohl die Apostel als auch danach alle Gläubigen, so hat er damit prophezeit, sie würden mit jenem Zeichen Gezeichnete sein, nämlich mit dem, von dem Ezechiel sagt: ›Es spricht zu mir der Herr: Gehe mitten durch das Tor mitten hinein nach Jerusalem und mache das Zeichen des Tau auf die Stirn der Männer.‹ Der Buchstabe Tau der Griechen aber ist unser T, eine Art von Kreuz, von dem er prophezeite, es würde auf unseren Stirnen sein, im wahren und katholischen Jerusalem, in welchem die Brüder Christi, nämlich die Kinder Gottes, Gott, ihrem Vater, Lob darbringen werden [...].«[22] Darin spiegelt sich nun nicht eine apotropäische Funktion, sondern das Kreuz soll die Träger des Zeichens vielmehr daran erinnern, dass zur Christusnachfolge das Leiden unabdingbar dazugehört. Aber auch hier sind der Tod Jesu und das Kreuz noch nicht als Erlösungsmomente markiert.

Dem apologetischen Anliegen Justins des Märtyrers (um 100 bis um 165), der das Christentum gegen die Vorurteile und Angriffe des römischen Umfeldes verteidigen wollte, entspricht es, dem Symbolgehalt des Kreuzes nachzudenken, um auch Nicht-Christen davon zu überzeugen, welche ungeheure Bedeutung ihm zukommt; selbst wenn man, so die Pointe seiner Aussage, nicht das Kreuz Jesu Christi vor Augen hat oder an dessen Wirkung glaube, müsse man doch anerkennen, welche Rolle es überall spiele. So schaut Justin in die Natur und stellt fest: »Aber nirgends und bei keinem der angeblichen Zeussöhne bildeten sie die Kreuzigung nach; denn sie kam ihnen nicht in den Sinn, weil, wie schon früher hervorgehoben worden ist [...], alles hierüber Gesagte in sinnbildliche Ausdrücke gekleidet war. Und doch ist dies, wie der Prophet vorausgesagt hat, das größte Geheimnis seiner Macht und Herrschaft, wie sich an den sinnfälligen Dingen zeigen läßt. Denn betrachtet alles, was in der Welt ist, ob es ohne diese Figur gehandhabt werden oder Zusammenhang haben kann. Das Meer kann nicht durchschnitten werden, wenn nicht dieses Siegeszeichen, das hier Segel heißt, auf dem Schiffe unversehrt bleibt. Die Erde wird nicht gepflügt ohne dasselbe [es schließen sich eine Reihe weiterer Analogien aus dem Alltag an, die auch der Nicht-Christ leicht nachvollziehen kann]. Nachdem wir nun durch vernünftige Beweisführung und durch ein in die Augen fallendes Bild, soviel wir konnten, auf euch einzuwirken versucht haben, wissen wir uns fürderhin ohne Verantwortung, auch wenn ihr ungläubig bleibt; das Unsrige ist geschehen und vollbracht.«[23] Justin versteht das Kreuz bzw. seine charakteristische Form metaphorisch, also als Bild für das Weiterkommen, das Fruchtbar-Machen, die Aufrichtigkeit. Er tut aber noch mehr: Er erinnert die Adressaten, heidnische Herrscher, daran, dass auch sie Zeichen ihrer Macht und Amtsgewalt haben. Indem er das Kreuz als solches Amts- und

Machtzeichen deklariert, stilisiert er es zum Bild Jesu Christi selbst und seiner Rolle für diejenigen, die sich in seiner Nachfolge, als seine Erben und Nachlassverwalter verstehen. Will man sich an Jesus Christus erinnern, dann ist das Zeichen des Kreuzes ein probates Symbol für alles, was mit ihm zu tun hat.

Justin geht sogar noch weiter. Die Apologie hat ja nicht nur heidnische Herrscher als Adressaten; auch die Juden sollen davon überzeugt werden, dass die Schriften, auf die sie sich berufen, bereits auf Jesus Christus, den wahren Messias, verweisen und auf das Kreuz. Vergleiche zwischen alttestamentlichen und neutestamentlichen Bildern (ohne dass es schon ein kanonisiertes Altes und ein ebenso kanonisiertes Neues Testament gegeben hätte) wurden gerne gezogen und ebenso gerne Ähnlichkeiten, ja: Übereinstimmungen, Analogien festgestellt, um die Zeugnisse der Evangelien und Leben und Werk Jesu Christi als Erfüllung dessen zu beweisen, was in den Zeugnissen des Judentums verheißen war. Genau dies war der Zweck: der Beweis der Wahrheit, und zwar der Wahrheit, dass Jesus wirklich der ist, für den er sich ausgab und als den ihn die Christen bekannten: der Sohn Gottes. In diesem Sinne verweist Justin auf zahlreiche Analogien: »Vernehmet: auf den, welcher gekreuzigt worden war, um, wie die Schrift zeigt, in Herrlichkeit wiederzukommen, verwies geheimnisvoll das Holz des Lebens, das, wie berichtet ist, im Paradies gepflanzt wurde, und die Geschichte aller Gerechten. Moses wurde mit einem Stabe ausgeschickt, das Volk zu erlösen, und den Stab in der Hand, an der Spitze des Volkes, hat er das Meer geteilt. Dem Stabe verdankte er es, daß er Wasser aus dem Felsen sprudeln sah. Und als er in das bittere Wasser von Merra Holz warf, wurde es süß. [Wiederum schließen sich mannigfache Belege an]. Als Elisäus ein Holz in den Jordan warf, holte er die eiserne Axt heraus, mit welcher die Söhne der Propheten Holz fällten für den

Bau des Hauses, in dem sie das Gesetz und die Gebote Gottes lesen und betrachten wollten; so sind auch wir durch die gar schweren Sünden, welche wir begangen haben, untergesunken, wurden aber von unserem Christus durch seinen Kreuzestod und durch die Reinigung mit Wasser erlöst und zu einem Hause des Gebetes und der Andacht gemacht.«[24]

Die Analogie zwischen dem Paradiesbaum, dem Baum des Lebens, und dem Kreuz ist besonders beliebt gewesen, ihr entspricht die zwischen Adam und Jesus Christus, später auch die zwischen Eva und Maria. Gleiches muss mit Gleichem beantwortet beziehungsweise vergolten werden – dieser Grundgedanke begegnet in solchen Analogieschlüssen. In diesem Falle heben Christus und Maria das durch Adam und Eva in die Welt gekommene Böse auf; der Paradiesbaum, der Baum des Lebens konnte durch das Misstrauen der beiden ersten Menschen dieses ewige Leben nicht mehr schenken – dafür dann das Holz des Kreuzes. Justin ist schließlich auch derjenige, der schon bei den antiken Autoren, hier bei Platon, nach Analogien sucht, um die Vorankündigung Jesu Christi bereits in der Zeit der heidnischen Philosophen nachzuweisen, ganz in dem Sinne, dass vielen die Botschaft des Evangeliums bereits innewohnte, ohne dass sie je von ihr gehört hätten; das verstärkt nach Justins Ansicht die Beweiskraft und den Wahrheitsgehalt. In Platons Dialog Timaios entdeckt er ein trinitarisches Grundmuster, wenn dort beschrieben wird, wie aus der Zusammenfügung von Sein und Werden etwas Neues, die Weltseele, wird; aus diesen drei Elementen machte der Schöpfer eins; danach geschah eine neue Teilung in alles, was ist; schließlich verknüpfte der Schöpfer Weltkörper und Weltseele. Dazu kommentiert Justin: »Indem er nun diese gesamte Zusammenfügung der Länge nach zweifach spaltete, die Mitte der einen an die der andern in der Gestalt eines Chi (X) fügte, bog er sie zusammen und verband sie durch einen Kreis in eins, jede nämlich der Stelle des ersten Zusammentreffens gegenüber mit sich selbst und mit der andern, umschloß sie rings durch die gleichförmige und in einem Raume kreisende Bewegung und führte den einen der Kreise von innen, den anderen von außen herum.«[25] Wenn auch nicht gerade auf eine sofort ersichtliche Weise beschreibt Justin an dieser Stelle, wie bereits in diesem platonischen Dialog das Christusmonogramm Chi-Rho vorgebildet ist; dieses hatte die Kirche in seiner Ähnlichkeit zu einem Gekreuzigten aufgenommen wie in seiner Umdeutung der griechischen Buchstaben Chi (X) und Rho (P) auf die lateinischen Buchstaben »X« und »P«, so dass das Christusmonogramm zum Pax-Zeichen, also zum Zeichen des Friedens (pax ist das lateinische Wort für Frieden) wurde. Justins Bemühungen, für das Christentum positiv zu werben, führen also dazu, das Kreuz nicht nur bereits bei den antiken Autoren vorgebildet zu sehen und als Friedenszeichen zu etablieren – was natürlich den Römern die Furcht vor möglichen gewaltsamen Übergriffen seitens der neuen »Sekte« nehmen soll – und für jeden, der sehen kann, als in der Natur vorgebildet zu betrachten. Nebenbei wird das Kreuz zum Symbol der Erlösung und Befreiung und deutlicher als zuvor in den Zusammenhang von Sünde und Schuld gestellt.

Mit Athanasius (295–373) begann dann die Inanspruchnahme des Kreuzes für die innerchristlichen Debatten besonders um das rechte Verständnis der Trinität und der zwei Naturen Jesu Christi. Athanasius war in die Streitigkeiten um die Frage nach der Gottessohnschaft Jesu eingebunden und darin sehr engagiert. Er nahm eine dezidierte Position ein: Der Sohn war in seinen Augen kein Geschöpf und auch nicht als besonderer Mensch von Gott adoptiert worden, sondern er war gleichewig mit dem Vater. In diesem Sinn betont er in der Schrift »De incarnatione verbi« (»Von der Fleischwerdung des Wortes«): »Man könnte nun einwenden: Wenn er für alle seinen Leib dem Tod überantworten mußte, warum hat er ihn dann nicht wie ein Mensch in natürlicher Weise abgelegt, sondern ließ es bis zur Kreuzigung kommen? Er wäre es seiner Ehre doch eher schuldig gewesen, von sich aus den Leib abzulegen als mit Schmach einen solchen Tod zu erleiden. Doch habt acht, ob dieser Einwand nicht menschlich ist! Nein, wahrhaft göttlich war, was der Heiland vollbrachte, und von vielen Gesichtspunkten aus seiner Gottheit würdig [...]. [...] Denn wenn er gekommen ist, den über uns ergangenen Fluch zu tragen, wie anders wäre die Verfluchung Wirklichkeit geworden als eben dadurch, daß er den im Fluche verhängten Tod auf sich nahm? Dieser aber ist das Kreuz, so steht auch geschrieben: ›Verflucht, wer an dem Holze hängt!‹ Ferner, wenn der Tod des Herrn der Lösepreis für alle ist und durch seinen Tod die trennende Scheidewand niedergerissen wird und die Berufung der Heidenvölker erfolgt, wie hätte er uns denn berufen, wenn er nicht gekreuzigt worden wäre? Denn nur am Kreuze stirbt man mit ausgespannten Armen. Daher mußte der Herr gerade diesen Tod erdulden und die Arme ausspannen, um mit dem einen das alte Volk, mit dem anderen die Berufenen aus der Heidenwelt an sich zu ziehen und beide Teile in sich zu verbinden.«[26] Die Notwendigkeit der Menschlichkeit wird mit der Notwendigkeit des Todes begründet, denn ohne Tod keine Auferstehung. Nur indem Jesus den Todesfluch auf sich nahm, konnte dieser vom Menschen weggenommen werden. Der Versuch, die Vorbildung, die Präfiguration des Kreuzes im Alten Testament nachzuweisen, soll die Schlagkraft seiner Argumente erhöhen und deutlich machen, dass es keine reine »Erfindung« des Christentums ist, einen Gott mit menschlichen Attributen zu denken, die mehr sind als bloße Attribute. Interessant ist, dass das Kreuz ausschließlich mit Stärke und Kraft identifiziert wird, denn der Erlöser darf, so Athanasius, auf keinen Fall mit Schwäche in Verbindung gebracht werden. Daher darf er auch nicht »einfach« an einer Krankheit sterben oder dürfen seine Kräfte irgendwann nachlassen. Jesus ist schon im Kreuz der Auferstandene und Triumphierende – und die offenen Arme zeigen unvergleichlich an, dass er Menschen beruft, die ihm nachfolgen sollen.

Schärfer ist folgender Text, der weit über diese den Tod Jesu eher verteidigende Aussage, weit über eine Apologie hinausgeht: »[Ich äußere mich im Folgenden,] damit man nicht die bei uns vorgetragene Lehre geringschätze noch auch den Glauben an Christus für unvernünftig halte, wie etwa die Heiden, die mit verleumderischer Zunge spotten und offen über uns lachen, obschon sie uns immer nur das Kreuz Christi vorzuhalten wissen. Und doch gerade daraufhin möchte man ihren Stumpfsinn am meisten betrauern, weil sie, die Spötter des Kreuzes, nicht sehen, wie seine Kraft die ganze Welt erfüllte und wie durch das Kreuz die Werke der göttlichen Erkenntnis allen offenbar geworden sind. Denn wenn auch sie Leute wären mit einem geraden Sinn und Blick für seine Gottheit, dann würden sie über etwas so Grandioses nicht spotten. Nein, vielmehr müßten auch sie ihn als Weltheiland anerkennen und einsehen, daß das Kreuz der Kreatur nicht zum Verderben, sondern zum Heile geworden ist. Denn wenn mit dem Eintritt des Kreuzes in die Welt aller Götzendienst ein Ende nahm, wenn alles Gaukelspiel der Dämonen diesem Zeichen weichen muß und nur mehr Christus angebetet und durch ihn der Vater erkannt wird, wenn die Widersacher zuschanden werden, er aber täglich die Herzen derer, die ihm widersprechen, im stillen umstimmt, wie kann man da noch – man darf sie wohl mit Recht so fragen – an ein Menschenwerk denken, anstatt zu bekennen, daß es der Logos Gottes und der Heiland der

Welt ist, der das Kreuz bestiegen hat?«[27] Das Kreuz als Heilszeichen ist für Athanasius keine Frage, sondern gesetztes und unwiderrufliches Glaubensgut und der endgültige Beweis, dass dieser Gott der einzig wahre Gott ist und mit dem Kreuz alles andere, was von sich behauptet, »Gott« zu sein, zu einem Götzen degradiert. Für Athanasius spiegelt das Kreuz die wahre und vollkommene Gottheit Jesu Christi wie nichts anderes wider.

2.3 Das Kreuz wird gefunden: Zeichen des Triumphes

Eine neue Richtung erhalten die Geschichte des Kreuzes im Christentum und seine Deutung im vierten Jahrhundert. Wie für beinahe alles, was in der Zeit der frühen Kirche bedeutsam ist, spielen auch für die Bedeutung des Kreuzes Kaiser Konstantin und die sogenannte Konstantinische Wende eine herausragende Rolle. Was immer in der Forschung zu Konstantin selbst diskutiert wird und umstritten bleiben mag, das Verdienst seiner christlich orientierten Mutter Helena ist nicht zu leugnen. Nicht nur, dass sie bei ihrem Sohn zumindest ein gewisses Verständnis für diese bis dahin verfolgte Religion geweckt und ihm die religionspolitische Kraft vor Augen geführt haben dürfte, die von ihr ausgehen konnte, wenn er sie sich zunutze machte. Ihr ist es auch zu verdanken, dass zahlreiche Überreste, die auf ihre Weise von den Ereignissen um Jesus und seine Apostel »erzählen« konnten, ihren Weg nach Konstantinopel und Rom gefunden und so mit dazu beigetragen haben, dass nach Jerusalem Rom die nächste Hauptstadt des Christentums werden konnte: Dort waren viele bedeutende Überreste, also Reliquien versammelt, welche die Menschen, die sich von ihrem Anblick oder gar von ihrer Berührung viel erhofften, besuchen wollten. Die Heilige Stiege (Scala Santa) des Pilatuspalastes, auf der Jesus seinem Ankläger vorgeführt wurde, gehört ebenso dazu wie die Ketten, mit denen Petrus gefangen war. Für unseren Zusammenhang von immenser Relevanz ist die Helena zugeschriebene Auffindung des Kreuzes, die der Kreuzverehrung den Weg endgültig ebnete. Schon zuvor hatte 315 ihr Sohn Konstantin das Kreuz als Strafwerkzeug abgeschafft, was es leichter machte, dem Kreuz positive Seiten abzugewinnen. Und als der Sieg Konstantins gegen seinen Mitkaiser Maxentius an der Milvischen Brücke, der ihn zum Alleinherrscher machte und letztlich das Christentum in ein neues Zeitalter überführte (312), von dem Geschichtsschreiber Euseb als Sieg des Kreuzes interpretiert wurde,[28] war der Weg endgültig frei, das Kreuz und das Kreuzesgeschehen neu in christliche Theologie und christlichen Kult zu integrieren. Mit Theodosius und seinem Beschluss, das Christentum zur Religion des römischen Staates zu machen (390/91), ist die rasante Entwicklung des Christentums von der verfolgten Gemeinschaft zur Staatsreligion abgeschlossen. In seiner Trauerrede auf Theodosius (395) erinnert kein Geringerer als der Mailänder Bischof Ambrosius (339–397) an diesen glanzvollen Weg der christlichen Religion und an ihre bedeutenden Wegbereiter. In diesem Zusammenhang berichtet er auch von der Kreuzauffindung und bringt dabei eine Fülle an theologischen Gedanken implizit und explizit zur Sprache: »Helena kam also und begann, die heiligen Orte zu besuchen. Da gab ihr der Geist ein, das Kreuzesholz aufzusuchen. Sie begab sich auf Golgota und sprach: ›Siehe, der Ort des Kampfes! Wo ist der Sieg? Ich suche die Fahne des Heils, aber ich finde es nicht. Ich‹, rief sie aus, ›auf dem Throne, und das Kreuz des Herrn im Staube? Ich in Gold, und Christi Triumph im Schutt? Dieser noch verborgen und verborgen die Siegespalme des ewigen Lebens? Wie soll ich an meine Erlösung glauben, wenn die Erlösung selbst sich dem Auge entzieht? Ich sehe, was du, Teufel, getan hast, wie das Schwert, durch das Du vernichtet bist, unzugänglich machen. […] Was hast Du zustande gebracht, Teufel, als Du das Holz verborgen hast, außer daß Du erneut besiegt werden wirst? Maria hat dich überwunden, die den Triumphator geboren hat; die ohne Versehrung ihrer Jungfräulichkeit dem das Leben schenkte, der als Gekreuzigter Dich besiegen und durch seinen Tod Dich unter das Joch bringen sollte. Auch heute sollst du überwunden werden, indem ein Weib deine Hinterlist aufdeckt. Jene trug wie ein Heiligtum den Herrn im Schoß, ich werde sein Kreuz finden. Jene tat den Menschgewordenen kund, ich den Auferstandenen. Jene machte, daß Gott unter den Menschen gesehen wurde, ich will zur Heilung unserer Sünden das göttliche Banner aus dem Schutte heben.‹ Sie läßt nun den Boden aufgraben, das Erdreich wegnehmen: da stößt sie auf drei durcheinanderliegende Marterhölzer, die der Schutt bedeckt, der Feind versteckt hatte. Doch Christi Triumph konnte nicht aus dem Gedächtnis getilgt werden. Unsicher verharrt sie, verharrt wie eine Frau. Doch der Heilige Geist haucht ihr einen sicheren Fingerzeig dahingehend zu, daß zwei Verbrecher mit dem Herrn gekreuzigt wurden. Sie sucht also nach dem mittleren Kreuzesholz. Doch möglicherweise hatte die Verschüttung die Kreuze durcheinandergeworfen, der Zufall sie durcheinandergebracht. Sie kehrt zurück zur Lektüre des Evangeliums. Sie findet, daß an dem mittleren Marterpfahl die Aufschrift stand: ›Jesus von Nazareth, König der Juden‹. Hieraus konnte der wahre Sachverhalt erschlossen werden, das Kreuz des Heils wurde durch die Aufschrift offenbar. So lautete die Antwort, die Pilatus den fragenden Juden gab: ›Was ich geschrieben habe, habe ich geschrieben‹, das heißt: Nicht das habe ich geschrieben, was Euch gefällt, sondern was die kommende Zeit wissen soll. Nicht für euch habe ich es geschrieben, sondern für die Nachwelt – fast als wollte er sagen: Helena sollte etwas zu lesen haben, woraus sie das Kreuz des Herrn erkennen konnte. Sie fand also die Aufschrift und betete den König an, keinesfalls das Holz, denn das wäre heidnischer Wahn und Aberglaube der Gottlosen. Den vielmehr betete sie an, der am Holz gehangen hat, dessen Name auf der Aufschrift stand; den, sage ich, der ›wie ein Käfer‹ schrie, damit sein Vater seinen Verfolgern ihre Sünden vergab. Voll Verlangen beeilte sich die Frau, das Heilmittel der Unsterblichkeit zu berühren, fürchtete sich aber, auf das Geheimnis des Heils zu treten. Freudigen Herzens und zagenden Schrittes wußte sie nicht, was sie tun sollte. Doch gelangte sie zur Liegestelle der Wahrheit. Das Holz leuchtete auf, die Gnade erstrahlte. Und da schon Christus in Maria eine Frau heimgesucht hatte, suchte der Geist in Helena eine solche heim. Er lehrte sie, was eine Frau nicht wissen konnte, und führte sie auf den Weg, den ein Sterblicher nicht erkennen konnte. Sie suchte die Nägel, mit denen der Herr gekreuzigt wurde, und fand sie. Aus dem einen Nagel, so befahl sie, wurde ein Zaum gemacht, den anderen ließ sie in ein Diadem verarbeiten. Den einen verwendete sie als Schmuck, den anderen zur Andacht. Maria war heimgesucht worden zur Erlösung der Eva, Helena war heimgesucht worden zur Erlösung der Kaiser. Sie sandte daher ihrem Sohn Konstantin das Diadem, mit Edelsteinen geschmückt, die dem Eisen [des Nagels] eingefügt waren und das den noch kostbareren Edelstein des Kreuzes der göttlichen Erlösung zusammenhielt. Auch den Zaum sandte sie ihm. Beides nahm Konstantin in Gebrauch und übertrug den Glauben auf die folgenden Kaiser. Den Anfang bei den gläubigen Kaisern bildete demnach das ›heilig‹, das auf dem Zaume stand. Von da rührte ihr Glaube her, so daß die Verfolgung aufhörte, an deren Stelle die Gottesverehrung trat. Weise handelte Helena, als sie das Kreuz auf dem Haupte der Könige platzierte, so daß das Kreuz Christi bei den Königen verehrt wird. Nicht Ungehörigkeit ist es, sondern Gottesfurcht, wenn der heiligen Erlösung Verehrung gezollt wird. Daher ist es ein guter Nagel der römischen Herrschaft, der den ganzen Erdkreis beherrscht und die Stirne der Kaiser schmückt, so daß die, die so oft die Verfolger waren, [nun] Prediger sind. Mit Recht ruht der Nagel auf dem Haupt, damit dort, wo der Verstand thront, auch der Schutz herrsche. Auf dem Haupt die Krone, in den Händen der Zügel. Die Krone vom Kreuz, daß der Glaube leuchte; der Zügel aber auch vom Kreuz, daß die Macht herrsche und sie eine gerechte Lenkung sei, nicht ein ungerechtes Gebieten. Auch diesen Vorzug mögen die Kaiser von der Freigebigkeit Christi eingeräumt erhalten, daß vom römischen Kaiser in Nachahmung Christi das Wort gelte: ›Eine Krone aus kostbarem Edelstein hast du auf sein Haupt gesetzt.‹ Daraus erwuchs der Jubel in der Kirche, Scham bei dem Juden, und nicht bloß Scham-, sondern auch Schmerzgefühl, weil er selbst an seiner Beschämung schuld ist. [...] Dem die Reiche dienen, dem die Macht gehorcht, den haben wir verworfen. Wie werden wir den Königen widerstehen? Vor dem Eisen seiner Füße neigen sich die Könige. [...] Die Könige beten ihn an, und die Photinianer wollen seine Gottheit leugnen! Den Nagel seines Kreuzes schätzen die Kaiser höher als ihr Diadem, und die Arianer wollen seine Macht schmälern!«[29]

Es ist offensichtlich, dass Ambrosius die Kreuzauffindung in einer ganz bestimmten Auseinandersetzung gebraucht, nämlich in der christologischen, das heißt es steht die Frage zur Debatte, ob dieser Jesus von Nazareth wirklich ein Gott ist. Die Sünde des Menschen auf ihrem Höhepunkt – der Tötung des Gottessohnes – hält diesen Gott nicht davon ab, diesen sündigen Menschen genau in diesem Moment zu erlösen. Durch die Auffindung des Kreuzes wird die Kreuzigung als historisches Faktum bestätigt. Die Kaiserinmutter Helena übernimmt in der Legende die Rolle einer neuen Maria, die nun nicht mehr die Verantwortung für den Erlöser trägt, sehr wohl aber dafür, dass das Erbe dieses Erlösers in die Welt getragen wird. In ihrem Tun wird sie vom Heiligen Geist geführt und unterstützt, ihr und ihrer Familie kommt damit eine besondere Rolle in der Fortsetzung der Heilsgeschichte zu. Das »Kreuz des Heils« wird von ihr aus dem Schutt befreit, unter dem die Feinde des Christentums, personifiziert im Teufel, es zu verstecken gesucht hatten, ihren Niedergang in die Bedeutungslosigkeit damit allerdings nur beschleunigend. Von großer Relevanz ist auch das Finden der Nägel – nicht nur dass damit ebenso wie der Kreuzigung nun auch der Auferstehung eine historische Faktizität zugesprochen wird, sondern dass Helena daraus eine Trense sowie ein Diadem macht, erhält durch die ausgeführte Deutung einen großen symbolischen Wert. Ambrosius betont darin die Macht des Herrschergeschlechts einerseits, andererseits auch dessen bloß relative Macht. Der größere Machthaber ist immer Jesus Christus selbst (die Auffindung der Inschrifttafel mit dem »INRI« dient ja nicht nur der Identifikation des Jesus-Kreuzes), und diese Macht und Herrschaft sind ganz im Dienste des Christengottes zu verstehen. Der römischen Weltherrschaft werden buchstäblich Zügel angelegt, die an den leidenden Gottessohn erinnern, der allein die Welt erlöst hat; das Diadem weist auf die Notwendigkeit, den Verstand und die zügelnde Vernunft zu benutzen, ebenso hin wie darauf, dass auch ein Kaiser schutzbedürftig ist. Vor allem aber sollen beide Symbole dazu dienen, dass die Träger die personifizierte Predigt des Evangeliums darstellen – und die lässt sich offenbar am besten über das Kreuz beziehungsweise die Marterwerkzeuge verstehen. Schließlich lädt Ambrosius zur Kreuzverehrung ein, in Nachahmung dessen, was Helena selbst in voller Ehrfurcht und in demütiger Erkenntnis schon an Ort und Stelle der Auffindung getan hat. Dabei ist ihm die Unterscheidung wichtig, dass nicht das Holz, sondern der König über das Symbol des Kreuzes angebetet wird. In der Kennzeichnung, ein anderer Gebrauch sei heidnisch, gottlos und abergläubisch, legt der Mailänder Bischof den Grundstein für eine Kreuzverehrung, die in unterschiedlicher Gestalt den Kult der Kirche bestimmen sollte. Dem biblischen Bilderverbot, das vor allem als Verbot des Götzendienstes zu verstehen ist, widerspricht dieser Gebrauch jedenfalls erst einmal nicht.

Die Legende will es, dass Helena das Kreuz am 14. September 320 gefunden und darüber eine Kirche hat errichten lassen. Deren Weihe habe am 13. September 355 stattgefunden, und am Tag danach sei das Kreuz dem Volk gezeigt (erhöht) worden. Ein entsprechender Gedenktag für den 14. September als Tag der Kreuzauffindung und Kreuzerhöhung wird seit Anfang (Konstantinopel) beziehungsweise Mitte des siebten Jahrhunderts (Abendland) gefeiert. Dass um die Mitte des vierten Jahrhunderts herum zwei weitere Zeugnisse von der Kreuzauffindung berichten,[30] spricht vielleicht zudem für die Bedeutung, die offenbar im Zusammenhang mit den trinitarischen Streitigkeiten dem Kreuz zugewiesen wurde.

Eine ähnliche Rolle erhielt das Kreuz im Willen der christlichen Gemeinden, sich deutlich vom Judentum abzugrenzen und Jesus von Nazareth als den verheißenen Messias herauszustellen. So bildeten sich zwei weitere Legenden um die Kreuzauffindung, von denen besonders die Protonike- noch einmal stärker als die Kyriakoslegende den Irrglauben der Juden thematisierte. In der Kyriakoslegende findet ein Jude das Kreuz und konvertiert zum Christentum. Die Protonikelegende verlagert das Geschehen der Auffindung vom vierten in das erste Jahrhundert und lässt eine legendarische Gattin des römischen Kaisers Claudius (Herrschaft 41 bis 54), Protonike, nach Jerusalem reisen, wo der Zutritt zur Hinrichtungsstätte Golgotha von böswilligen Juden versperrt wird; Protonike (das griechische Wort bedeutet »erster Sieg«) befiehlt den jüdischen Oberen, den

Zugang freizugeben, beim Betreten der Stätte fiel ihre Tochter tot um. Von den drei dort liegenden Kreuzen machte eines die Tochter wieder lebendig. Das wahre Kreuz Christi war gefunden, Protonike ließ eine Kirche darüber erbauen, Claudius vertrieb die halsstarrigen Juden aus Italien. Dass damit die Vorrangstellung des Christentums vor dem Judentum bereits in frühester Zeit ebenso bewiesen werden sollte wie die Heilwirksamkeit des Kreuzes, ist evident. Nachhaltiger gewirkt indes hat die Helenalegende.

Im Zuge der Kreuzverehrung begannen auch, wie bereits angedeutet, eine reiche Reliquiensammlung und eine Art Wallfahrt nach Jerusalem, wo ein entsprechendes – wir würden heute sagen – Merchandise-Programm aufgebaut wurde; so wurden etwa kleine Ampullen mit angeblich heilsamem Jordanwasser verkauft, auf denen das Kreuz als Symbol angebracht war. Ebenfalls aus dem vierten Jahrhundert stammt ein Sarkophag, der eine Passionsdarstellung enthält, wobei das Kreuz mit einem Triumphkranz umgeben und somit als ein Siegessymbol interpretiert wird. Das Bedürfnis, das Kreuz nunmehr auch zu einem buchstäblich begreifbaren Sinnbild des Christusgeschehens werden zu lassen und neben den theoretischen Überlegungen zu künstlerischen Ausgestaltungen zu finden, nimmt zu, nachdem Trinitätslehre und Christologie so gefasst waren, dass weder einer bildlichen Darstellung Gottes, der eben auch und voll und ganz Mensch war, noch einer Kreuzestheologie grundsätzlich noch etwas im Wege stand. So ist es dann auch nicht verwunderlich, dass gegen Ende des Jahrhunderts private Kreuzanhänger in Gebrauch kamen.

Mit der Installierung des bildbaren und abbildbaren Kreuzes kamen neue Fragen auf, etwa die, ob das Kreuz mit oder ohne Korpus dargestellt werden sollte. Auch nachdem Gottheit und Menschheit Jesu nicht mehr als Widerspruch gesehen wurden, galt es als anstößig, den nackten Körper Jesu an ein Kreuz genagelt darzustellen. Eine der bekanntesten frühen Versuche, die Kreuzigung und nicht nur das Kreuz selbst als Triumphzeichen (oft etwa durch einen Lorbeerkranz oder das Alpha und Omega als solches gekennzeichnet) abzubilden, findet sich an den Türflügeln der Kirche S. Sabina in Rom. Das Quinisextum oder Trullanum (ein Konzil, das 691/692 in Konstantinopel im Kuppelbau – Trulla – des Kaiserpalastes abgehalten wurde und offene Fragen der beiden vorhergehenden Konzilien klären sollte) nahm zu dem Problem Stellung, ob weiterhin das Lamm Gottes in der Mitte des Kreuzes abgebildet sein sollte (ein Hinweis darauf, dass es offenbar solche Darstellungen gegeben hat). Das Konzil entschied klar, dass stattdessen der Körper Jesu, der Korpus zu zeigen sei, dem die entsprechende Verehrung zuteil werden durfte, ja: sollte.[31] Es wurde deutlich, dass die Teilung des Reichs in Ost und West Folgen in vielerlei Hinsicht zeitigte: Die griechische Denkungsart unterschied sich von der römischen ziemlich klar; der byzantinische Osten ging andere Wege als der römische Westen. Als das abendländische Christentum nach dem Niedergang des römischen Imperiums dann noch seinen Schwerpunkt in den Bereich nordwestlich der Alpen verlagerte, drifteten die verschiedenen Vorstellungen noch weiter auseinander. Neu kam etwa hinzu, dass die Völker des Nordens Kunst eher in Ornamenten denn in figürlicher Darstellung kannten, was es noch einmal erschwerte, das Kreuz über das bloße Symbol hinaus zu etablieren. Dass inzwischen der »Trend« dahin ging, in Bildern nicht nur Punktuelles wiederzugeben, sondern regelrechte Geschichten zu erzählen (dafür steht als erstes der Rabulla-Codex von 586 aus dem syrischen Raum, der starke byzantinische Einflüsse aufweist; bei ihm begegnet erstmals eine ganze Figurengruppe, eine wahre Komposition aus Einzelgeschichten), machte es nicht leichter. Das Konkrete, Figürliche und das eher Abstrakte prallten regelrecht aufeinander, und nachdem im siebten Jahrhundert erstmals Berührungen zwischen beiden Modellen stattfanden, sollte es doch noch einmal fast 200 Jahre dauern, bis sich in der karolingischen Kunst das Konkret-Gestalthafte auch im Westen niederschlug.

2.4 Das Kreuz wird durchdacht: Zeichen der Sühne

Für unseren Zusammenhang interessant und wichtig ist, dass bald auch die Opferthematik in den Vordergrund rückte, auf die man, wie zu sehen war, bisher recht gut verzichten konnte. Das hängt zusammen mit der Ausdifferenzierung der Abendmahlslehre und dem Versuch, die Realpräsenz (die reale Gegenwart Christi in den Elementen Brot und Wein) mithilfe der Transsubstantiation (die Substanzen von Brot und Wein werden bei Beibehaltung der äußeren Erscheinung zu Leib und Blut gewandelt) zu erklären (so Paschasius Radbertus[32]). Auf dem Utrechtpsalter (um 830) wird vom römischen Soldaten Longinus (der Jesus die Lanze in die Seite gestoßen haben soll) ein Kelch unter die Seitenwunde gehalten, der das Blut auffängt; auf dem Buchdeckel des Perikopenbuchs Heinrichs II. (ebenfalls um diese Zeit) ist es dann schon die personifizierte Ekklesia (Kirche), die den Kelch hält und mit der Triumphfahne anzeigt, dass Christus den Tod überwunden hat und die Kirche den Sieg der Wahrheit in Form des Sakraments dauerhaft verkündet. Hier findet eine folgenreiche Verschiebung statt, die der Deutung des Todes Jesu und des Kreuzes eine neue Richtung geben sollte. So zeigt die älteste bekannte Großplastik, das Gerokreuz im Kölner Dom (ca. 970), dass die Opferthematik auch bei der in der ottonischen Zeit einsetzenden Tendenz, Christus ohne »Nebendarsteller« allein abzubilden und zum Zentrum andächtiger Meditation zu machen, nun auch für den Einzelnen in den Vordergrund rückt.

Die persönliche Beziehung zwischen dem sündigen, dem Tod geweihten Betrachter und dem sich opfernden, darunter leidenden, aber das Leiden und den Tod überwindenden Gott gewinnt an Bedeutung und führt dem Meditierenden das »gelitten/hingegeben/gestorben für Dich!« in seinem Innersten vor Augen.

Eben diese Vorstellung wird schließlich von Anselm von Canterbury (1033–1109) in der Theorie eingeholt. Nachdem Anselm in seinen beiden Hauptwerken »Monologion« und »Proslogion« gezeigt hat, Gottes Existenz sei daraus zu beweisen, dass er gedacht werden kann, und über Gott hinaus könne Größeres nicht gedacht werden (ontologischer Gottesbeweis), will er nun unumstößlich darlegen, warum Gott notwendigerweise Mensch wurde. Dazu bedient er sich einiger Analogien und Typologien (Adam – Christus, Eva – Maria) und lehnt sich auch an germanisches Rechtsverständnis an; dieses besagt, nur derjenige, der einem anderen die Ehre geraubt habe, könne die Wiedergutmachungsleistung wirken, welche die Ehre wiederherstellte. Im Falle der Gott durch einen Menschen geraubten Ehre könne dies also notwendig nur ein Mensch. Da der Mensch aber aufgrund der Sünde genau dazu nicht in der Lage sei, bedürfe es eines Menschen, der zwar voll und ganz Mensch sei, zugleich aber nicht unter dem menschlichen Defizit der Sünde leide – also Gott ist. Allein eine Person, die Gott und Mensch zugleich ist, sei fähig, Gott zu versöhnen. Daher musste Gott Mensch werden und als Sündloser den Tod des Sünders freiwillig erleiden, um ein Sühnewerk zu vollbringen, das den Menschen mit Gott versöhnt. Folgende Passage pointiert den Gedankengang, den Anselm im (fiktiven) Gespräch mit seinem Schüler Boso entwickelt: »[Boso:] Der Kernpunkt der Frage war: warum Gott Mensch geworden ist, so daß er durch seinen Tod den Menschen rettete, da er es doch augenscheinlich auf andere Weise hätte tun können. […] Diese Schuld [des Menschen an Gott] war so groß, daß sie, obwohl sie nur der Mensch einlösen mußte, es nur Gott konnte, so daß derselbe Mensch wie Gott war. Daher war es notwendig, daß Gott den Menschen in die Einheit der Person aufnahm, damit der, der der Natur nach einlösen mußte und nicht konnte, der Person nach wäre, der es konnte. [... Anselm:] Kein Mensch außer ihm hat jemals durch sein Sterben Gott gegeben, was er nicht einst mit Notwendigkeit verlieren sollte, oder eingelöst, was er nicht schuldete. Jener aber opferte dem Vater freiwillig, was er durch keine Notwendigkeit jemals verlieren sollte, und löste für die Sünder ein, was er für sich nicht schuldig war. [...] Wenn also der Herr Jesus den Tod, wie wir sagten, erdulden wollte, weil es bei ihm stand, sowohl zu leiden wie nicht zu leiden, so mußte er tun, was er tat, weil das, was er wollte, geschehen mußte; und er mußte es nicht tun, weil nicht aus Verpflichtung. [... Wir wollen sagen], daß der Sohn sich freiwillig dem Vater opferte. [...] Die Barmherzigkeit Gottes aber, die dir verloren zu gehen schien, als wir die Gerechtigkeit Gottes und die Sünde des Menschen betrachteten, haben wir so groß und so übereinstimmend mit der Gerechtigkeit gefunden, daß sie größer und gerechter nicht gedacht werden kann. Denn was könnte barmherziger gedacht werden, als wenn Gott Vater zu dem Sünder, der zu ewigen Peinen verurteilt ist und nicht hat, wodurch er sich daraus befreien könnte, spricht: nimm meinen Eingeborenen und gib ihn für dich; und der Sohn: nimm mich und erlöse dich? So sprechen sie gleichsam, wenn sie uns zum christlichen Glauben rufen und ziehen. Was ist auch gerechter, als daß jener, dem ein Preis, der größer ist als jede Schuld, gegeben wird, jede Schuld erläßt, wenn er mit der gebührenden Liebe gegeben wird?«[33] Das Opfer ist also ein freiwilliges – aber es ist und bleibt ein Sühnopfer, das Gott versöhnen soll. Gott muss versöhnt werden, und ohne das Opfer desjenigen, der mehr gibt, als er schuldet, wäre diese Versöhnung nicht denkbar. Damit ist die Verschiebung der Sachlage eingetreten, die heute die meisten Probleme macht. Nicht Gott versöhnt den Menschen, sondern der Mensch versöhnt Gott, und das, indem der Sohn Gottes hingerichtet wird und dieser darin freiwillig das Opfer darstellt, das Gott braucht, um gnädig gestimmt zu werden.

Mit dieser Verschiebung einher geht auch eine in der Kunst. Was bei Anselm im Text begegnet: mit dem Kreuz wird der Tod überwunden, die Versöhnung mit Gott hat stattgefunden, drückt die Romanik dadurch aus, dass der Gekreuzigte als Triumphator erscheint, der meist durch einen wachen Blick das ewige Leben verkörpert und den Tod als Durchgangsstation zum Eigentlichen und Wesentlichen hinter sich gelassen hat. Dem auf ihn Schauenden wird signalisiert: Dort ist Dein wahrer König, der Herr, der sich für Dich geopfert hat und der immer wieder neu geopfert wird in der Feier des Mahls, damit Du an dem, was dereinst geschehen ist, nun Anteil hast. Jesus Christus wirkt nicht mehr wie der Leidende und Sterbende oder gar der schon Tote, sondern wie der bereits Auferstandene, der die Krone des Lebens trägt, die zugleich die Krone der Macht ist. Er schaut den Gläubigen als Auferstandener an, nicht als Gekreuzigter. Aus dem Schandmal des Kreuzes ist das Sieges- und Triumphzeichen geworden, das Skandalöse daran und das, was Ärgernis hervorrufen könnte, scheinen überwunden. Die geöffneten Arme bedeuten nunmehr die weltumspannende Kraft und Macht des Gottes, dessen die Kirche in der Liturgie und in den Sakramenten gedenkt und dessen Botschaft durch sie lebendig gehalten wird. Das Kreuz ist zum Symbol des Ruhmes avanciert.

Genau so interpretiert es einer der größten Denker der Zeit, der mit seinen Schriften bereits in eine neue Ära der Geschichte und der Theologie der Kirche weist: Bernhard von Clairvaux (1090 bis

1153). Sich in das Leiden des Gekreuzigten zu versenken, bedeutet nach ihm, den Triumph des Kreuzes mitfeiern zu können, das er folgerichtig als »ruhmreiches Kreuz« tituliert und das er in Analogie zum Paradiesbaum als Frucht allen Lebens bezeichnet. Und er pointiert: »Ich kann vom Himmel zur Erde gehen, vom Meer zur Wüste, nirgendwo als im Kreuz werde ich Dich finden, Herr. [...] Dein Kreuz nämlich ist der Glaube, die Breite ist die Liebe, die Länge die Langmut, die Höhe die Hoffnung, der Sockel die Furcht. [...] Keiner sucht Dich, keiner findet Dich, außer dem Gekreuzigten. O ruhmreiches Kreuz! Schlage Deine Wurzel in mich, daß ich zu Dir aufsteige.«[34] Das Kreuz dimensioniert also buchstäblich das Leben des Glaubenden und wird zum Mittelpunkt allen menschlichen Bestrebens mit Blick auf das Heil. In einer Predigt zum Hohelied wird das Kreuz als süß beschrieben, die Wunden werden zu dem Ort, an dem Christus unmittelbar erfahrbar wird.[35] Nirgendwo sonst als im Kreuz werden so sehr das Erbarmen und die Gnade erkennbar. Dass über die Wundenmystik die Vereinigung mit Christus und das Erfahren seines Werkes ermöglicht wird, ist für Bernhard keine Frage. Herbert von Clairvaux (ca. 1153 bis 1181), einem Zisterziensermönch, der durch die Erzählungen von Wundern und wundersamen Begebungen in Zisterzienserklöstern Werbung für diesen offenbar von Gott besonders bevorzugten Orden machen wollte, ist es zu verdanken, dass eines der bekanntesten Bilder Bernhards Einzug in Texte und gestaltende Kunst nahm: der Christus amplexus, also der Christus, der sich vom Kreuz herabneigt, um Bernhard zu umarmen. In Fortführung der eigenen Gedanken Bernhards bedeutet dies nichts anderes, als dass die Versenkung in das Kreuz und das Sühnopfer Jesu Christi Christus geradezu dazu nötigt, sich dem so Glaubenden zu nähern, ja sich mit ihm zu vereinen. Wiederum also wird das Kreuz nicht für sich betrachtet, sondern gewissermaßen Mittel zum Zweck: Das Erspüren des Opfers bringt zur mystischen Vereinigung (unio mystica).

Auf einer anderen Ebene, aber in ganz ähnlicher Richtung bewegt sich die Verwendung des Kreuzes als Schutz-, Sieges- und Machtzeichen im Kontext der Kreuzzüge. »Das Kreuz nehmen« wird zum Synonym für das Anlegen nun nicht mehr nur der geistlichen, sondern der tatsächlichen, der militärischen Waffenrüstung. Ähnlich wie in der Legende des Sieges Konstantins an der Milvischen Brücke gerät das Kreuz jetzt, im Kampf gegen die Heiden und gegen die Juden, welche die Stätten des Christusgeschehens besetzten oder bedrohten, zum Symbol des unbedingten Siegeswillens im Namen des Herrn. Es zeigt, dass sich die Kreuzfahrer in der Nachfolge Jesu verstehen und ihr Leben als Leben in eben dieser Nachfolge mit diesem Symbol besiegeln. Folgender Ausschnitt aus einem Segnungsformular für Kreuzfahrer verdeutlicht dies: »Allmächtiger Gott, der Du das Zeichen des Kreuzes mit dem wertvollen Blut Deines Sohnes geweiht und der Du gewollt hast, dass wir durch dasselbe Kreuz Deines Sohnes, unseres Herrn Jesus Christus, die Welt zurückgewinnen, und der Du durch die Kraft eben dieses verehrungswürdigen Kreuzes das menschliche Geschlecht von dem alten Schuldschein des Feindes befreit hast: Dich bitten wir inständig, Du mögest dieses Kreuz für würdig befinden und mit väterlicher Gnade segnen und ihm himmlische Kraft und Gunst verleihen, damit jeder, der es zum Zeichen des Leidens und des Kreuzes Deines Eingeborenen zum Schutz für den Körper und der Seele an sich trägt, die Fülle der himmlischen Gnade und dazu den Schutz durch Deinen Segen erreichen kann.«[36] Wie Jesus Christus die Welt für seinen Vater zurückgewonnen hat, so sollen jetzt die Kreuzfahrer in seinem Namen für Christus die Welt zurückerobern. Das Kreuz soll wie eine Standarte vorneweg verdeutlichen, dass die Herrschaft Gottes über die Welt keine Eindringlinge und Feinde duldet und wie dereinst den Sieg über den Unglauben bringen wird. Auf die Kleidung der Kreuzfahrer wurde ein Kreuz genäht, es entstanden Kreuzzugslieder und eine Kreuzzugsdichtung, die eine Kreuzverehrung mit sich brachten. Noch mehr aber geschah durch die Kreuzzüge: Berichte über das Heilige Land und seine Stätten befeuerten die Vorstellungskraft auch derer, die daheimgeblieben waren, Kreuzreliquien vom »wahren Kreuz« wurden mitgebracht, die Geschehnisse in Jerusalem und an anderen Wirkungsstätten Jesu waren nicht mehr so fern und fremd wie zuvor – das Interesse am Kreuz und an den historischen Hintergründen nahm erneut zu und ließ eine gewisse Sehnsucht nach dem heilvollen »Damals« aufkommen.

Aber die Kreuzzugsidee war an der Wirklichkeit gescheitert – auch Bernhard von Clairvaux, der mit dem Kreuzzug einen Ablass verbunden hatte, musste kleinlaut eingestehen, dass es nicht am Glauben hängt, ob man militärischen Erfolg hat oder nicht. Die Idee der Pilgerfahrt nach Jerusalem indes blieb. Für diejenigen, die nicht nach Jerusalem pilgern konnten, wurden daher ab dem 14. Jahrhundert im Heimatland Kreuzwege eingerichtet, auf denen meditierend dem Weg Jesu ans Kreuz buchstäblich nachgegangen werden konnte. Die verschiedenen Kreuzstationen erinnerten an das Leiden und Sterben Jesu Christi und den Nachahmenden daran, was es bedeutet, Christ zu sein. Gebete und Gesänge wurden entwickelt, die den Meditationsgang unterstützen sollten. Schon zuvor hatte es eine Zunahme von Kreuzhymnen gegeben, die der wachsenden Kreuzverehrung zuarbeiteten.

2.5 Das Kreuz wird meditiert: Zeichen des Leidens

Hier ist nun der nächste Richtungswandel ablesbar. Während bei Anselm und vor allem bei Bernhard das Kreuz, die Wunden und das

Leiden Jesu dazu dienten, im Hineinversenken den Triumph bereits durchschimmern zu sehen, im Tod der Auferstehung entgegenzuwarten, das Kreuz nicht mehr als Schandmal und Strafwerkzeug und Zeichen der Ohnmacht, sondern als Symbol des Sieges und der Macht zu begreifen, wird im Hochmittelalter unter den Vorzeichen von Epidemien, Hungersnöten und anderen Katastrophen der leidende Christus als Schmerzensmann zum Vorbild. Die Künstler der Zeit sowie die theologischen Schriftsteller blieben in den meisten Fällen buchstäblich beim Kreuz stehen, ohne sofort das leere Grab des Ostermorgens zu sehen. Der Gekreuzigte wird in der ganzen Schonungslosigkeit des Entbehrens, Leidens, Schmerzes und Sterbens gezeigt, so dass sich der Betrachter und Leser mit ihm auf einer ganz neuen Ebene identifizieren kann. Der leidende Mensch Jesus rückt gegenüber dem triumphierenden Gott Christus in den Vordergrund, aus der Siegeskrone des Lebens wird die Dornenkrone des Todes, vielfach wird mit dem geneigten Kopf der Moment des Todes (»Er neigte sein Haupt und verschied«) gewählt, um das zunächst Unwiderbringliche, Schmachvolle und scheinbar Endgültige festzuhalten. Es fehlt in den Plastiken und auf den bildlichen Darstellungen sogar vielfach das Suppedaneum, das kleine Podest, auf dem die Füße des Gekreuzigten ruhen. Das Suppedaneum sowie ein ähnliches Podest unterhalb des Gesäßes sollten bei einer Kreuzigung verhindern, dass der Körper zu stark nach unten gezogen wurde, und dem Sterbenden die Atmung erleichtern. Fehlen solche Podeste zur Abstützung des Körpergewichts, kommt der Tod schneller, allerdings auch schmerzhafter (eine ähnliche Funktion hatte das Brechen der Beine, die danach das Körpergewicht nicht mehr tragen konnten). Die Marterwerkzeuge erhalten eine eigene Bedeutung, die Folter Jesu wird durch entsprechend drastische Entstellung des Körpers, der wie durchlöchert erscheint, vor

Augen gemalt. Das verschärft den Todeskampf und lässt das Grausame an dieser Todesart noch deutlicher hervortreten. Vornehmlich in Texten weiblicher Mystiker, aber nicht nur dort, spielt das Versenken in das Leiden des Herrn eine herausragende Rolle. Ein besonderes Beispiel dafür stellt Angela de Foligno (1248 bis 1309) dar: Christus selbst fordert sie auf, aus seiner Seitenwunde zu trinken, sie tritt in die Seitenwunde ein und legt sich mit ihm liebkosend auf das Grab. Das erotische Moment ist hier nicht zu übersehen, die Mystik der Seitenwunde indes ist wirkungsgeschichtlich nicht zu unterschätzen: Angela de Foligno dürfte eine Quelle Johann Arndts gewesen sein, der zu Beginn des 17. Jahrhunderts die Mystik wiederentdeckte und für seine Vorstellung eines bußfertigen Lebens und eines praktisch umgesetzten Glaubens (praxis pietatis) in den weit verbreiteten »Büchern vom wahren Christentum« daran festhielt. Diese wie andere, ähnlich ausgerichtete Texte Arndts wiederum sind es gewesen, die den frühen Pietismus namentlich Philipp Jakob Speners beeinflusst haben. Im Herrnhuter Pietismus des Nikolaus Ludwig Graf von Zinzendorf wird die Mystik des »Seitenhöhlchens«, in das man sich ganz versenken soll, dann neu entdeckt und gelangt in den erwecklichen Bewegungen des 18. und 19. Jahrhunderts zu neuer Blüte.

Das Mitleiden führt – anders als in der Mystik Bernhards – nicht zum Durchgang zur Auferstehung, sondern lässt den Meditierenden das ganze Leid erfahren, um mit Christus eins zu sein. Wie die Legende um die Stigmatisierung des Franz von Assisi zeigt, kann diese Versenkung so weit gehen und dieses Einswerden so stark erfahren werden, dass die Wundmale sich auf den Betrachtenden übertragen. Ohnehin hatte das Kreuz in der monastischen Askese als Leidenswerkzeug eine besondere Bedeutung: als Geißelungsinstrument, als schweres Holzkreuz, das bei Prozessionen getragen wurde – bis hin zur Selbstkreuzigung.[37] Nun entsteht eine ganze Riege an erbaulicher, mystisch-meditativ angehauchter Literatur, die sich intensiv mit dem Leben und Sterben Jesu Christi auseinandersetzt (etwa Pseudo-Anselm, Pseudo-Bernhard, Ludolf von Sachsen und Bonaventura) und das Leiden zu verinnerlichen sucht. In Anlehnung an den »Arbor« beziehungsweise das »Lignum vitae« (Baum oder Holz des Lebens) des Letztgenannten entsteht eine Anzahl von Darstellungen des Lebensbaums, der in seiner Krone das Kreuz hat, so dass die ja schon früh begegnende Analogie von Paradiesbaum und Kreuz nun ihren Höhepunkt erreicht. Bonaventura ist es auch, der das Kreuz neu in den Mittelpunkt rückt, wenn er es als Schlüssel, Tor, Weg und Zierde der Wahrheit bezeichnet.[38] Es wird sichtbar, dass jede Distanz zum Gekreuzigten aufgehoben werden soll und das Leiden einen neuen, eigenen Stellenwert erhält, der in die Nachfolgemystik hinüberführt.

Was das heißt, tritt besonders schön in einer Predigt des Dominikaners Johannes Tauler zum Fest der Kreuzerhöhung hervor. Dort heißt es: »Heute ist der Tag der Erhebung des über alles wertvollen, heiligen Kreuzes, dessen Würdigkeit man nicht in Worte fassen kann, mit dem all die Ehre und das Ansehen verbunden ist, die man sich in Zeit und Ewigkeit auszudenken vermag. Denn man hat dabei den im Sinn, der am Kreuz starb, und darum nehmen geistliche Leute dieses Kreuz heute auf sich und beginnen mit dem Regelfasten, ein wertvolles Ding für alle, die es können, und ein erfreuliches (dazu). [Es wird eine Geschichte erzählt, nach der der Christenkaiser das Kreuz, auf einem Pferd reitend, nach Jerusalem bringen wollte; daraufhin habe sich die Stadtmauer verschlossen, bis er zu Fuß und nur mit Hemd bekleidet durch das nunmehr geöffnete Stadttor schritt; danach geschahen viele Wunderzeichen in der Stadt.] Es gibt wohl viele Menschen, die das Kreuz finden und die Gott gar sehr an das Kreuz zieht mit manchen Leiden und mancher Übung, um sie so an sich (selbst) zu ziehen. Aber das Leiden muß (›erhöht‹, das heißt) aufgenommen werden, wie man heute von diesem heiligen Kreuz feiert, nicht allein aufgefunden, sondern erhoben werden. [...] Aber [der Mensch] nimmt das Kreuz nicht auf seine Schultern, und er tut ihm (damit) schweres Unrecht. Man sollte alle Bürden des Kreuzes frei in Gott auf sich nehmen, als eigenes Kreuz, sei es äußerlich oder innerlich, leiblich oder geistig. So wird der Mensch in Gott hineingezogen, der alle Dinge an sich ziehen will, wenn er, wie er sagte, erhöht sein werde.«[39] Und an anderer Stelle: »Der Mensch soll in allem, was er tut, in sich bildlich darstellen das ehrwürdige Kreuz und den gekreuzigten Heiland. Wenn du schlafen willst, so lege dich auf das Kreuz, und laß, nach deinem Wunsche, den liebreichen Schoß dein Bett, sein mildes Herz dein Kopfkissen, die liebevollen Arme das Deckbett sein. Diese, weit geöffnet, sollen deine Zuflucht sein in all deinen inneren und äußeren Nöten; so bist du wohl behütet. Wenn du issest und trinkst, sollst du jeglichen Bissen in das Blut von Christi Liebeswunden tauchen. Wenn unsere Schwestern ihre Psalmen singen, sollen sie jeglichen Psalm für sich in je eine besondere Wunde (des Heilandes) legen. So bildest du ihn dir nach und gestaltest dich in ihm. Was hilft das, in schlichter Weise zu versichern, wie die Leute das tun, daß sie an unseren Herrn denken und seine Gebete sprechen, wenn sie sich nicht seinem Vorbild nachbilden durch Leiden und Nachfolge.«[40] Leiden und Kreuz werden synonym gebraucht, und es geht eindeutig darum, das Leiden als etwas Positives zu erfahren und in gewisser Hinsicht sogar zu suchen, weil nur das Kreuz selbst Nachfolge bis ins Letzte garantiert.

Einen besonderen – und vorerst letzten – Höhepunkt erreicht diese Nachfolgemystik mit Thomas von Kempen, dem Verfasser von

»De imitatione Christi« (»Von der Nachfolge Christi«). Während bei Tauler noch das Süße des Kreuzes durchschimmert, geht es bei Thomas um das Leiden bis in den Tod, wie folgender, längerer Textausschnitt vor Augen führt: »Jesus hat jetzt viele, die sein himmlisches Reich lieben, aber wenige, die sein Kreuz tragen wollen. Er hat viele, die nach Trost, aber wenige, die nach Leid verlangen. Er findet viele Gäste an seinem Tisch, aber wenige, die mit ihm fasten. Alle wollen mit ihm fröhlich sein, wenige für ihn etwas leiden. Viele folgen Jesus bis zum Brechen des Brotes, wenige aber bis zum Trinken des Leidenskelches. Viele verehren seine Wunder, wenige folgen der Schmach des Kreuzes. Viele lieben Jesus, solange ihnen nichts Übles begegnet. [...] Warum fürchtest du dich [...], das Kreuz zu nehmen, durch das man in das Reich Gottes gelangt? Im Kreuz ist Heil, im Kreuz ist Leben, im Kreuz ist Schutz vor den Feinden; im Kreuz ist die Quelle himmlischer Freude, im Kreuz ist die Kraft des Gemütes; im Kreuz ist die Freude des Geistes, im Kreuz ist höchste Tugend, im Kreuz ist die Vollendung der Heiligkeit. Es gibt kein Heil für die Seele und keine Hoffnung auf ein ewiges Leben außer im Kreuz. Nimm darum dein Kreuz und folge Jesus nach, und du gehst in das ewige Leben. Er ist vorangegangen, hat sein Kreuz getragen und ist für dich am Kreuz gestorben, damit auch du dein Kreuz trägst und am Kreuz zu sterben begehrst. Denn wenn du mit ihm stirbst, dann wirst du auch ebenso mit ihm leben. [...] Siehe, alles besteht im Kreuz, und alles beruht auf dem Sterben; und es gibt keinen anderen Weg zum Leben und zum wahren inneren Frieden als den Weg des heiligen Kreuzes und des täglichen Sterbens. [...] Trägst du das Kreuz gern, wird es dich tragen und zu dem ersehnten Ziel führen, dorthin, wo das Leid endet [...].«[41] Echte und wahre Nachfolge kann es, das geht aus diesen Textausschnitten eindeutig hervor, nur geben, wenn das Leiden erduldet, erlitten wird, wenn sie bis zum Letzten geht und das Kreuz nicht nur als letzte Möglichkeit, sondern als das Leben bestimmendes Element durchlebt wird. Das Reich Gottes, das Paradies, die Herrlichkeit, das ewige Leben sind nicht billig zu haben und nicht bequem zu erreichen, sondern nur durch das Leiden hindurch.

Doch bei allem Plädoyer dafür, dem Kreuz und dem Leiden nicht aus dem Weg zu gehen, sondern sich dem willig zu stellen, erlischt die Emphase für die Qual nach und nach. Das Kreuz und der Tod werden wieder mehr zum Durchgangsstadium auf dem Weg zu dem Höheren und Wichtigeren, zur Auferstehung, zum ewigen Sein beim Herrn. Vollends überwunden wird der Schmerzensmann Christus dann in der Renaissancekunst, wo aus dem ausgemergelten, gequälten Körper der strahlende Heros wird, der muskelbepackt und in idealer Gestalt wie das blühende Leben daherkommt und dem Tod jeden Schrecken nimmt. Dazu wird in Kreuzigungsdarstellungen nicht mehr nur die biblische Geschichte dargestellt, sondern immer häufiger gesellen sich andere Figuren zu den unter dem Kreuz Stehenden hinzu. Die klassischen Fürbitter Johannes und Maria rücken auf eine Seite des Kreuzes, während auf der anderen Seite vermehrt vor allem Stifterfiguren abgebildet werden. Die innige Beziehung zwischen Stifter und Evangelium beziehungsweise Jesus Christus, dem Gekreuzigten, wird so ersichtlich. Dass die Geschichte des Stifters so gewissermaßen fortgeschrieben und der Hoffnung Ausdruck verliehen wird, er werde nicht nur mit Christus sterben, sondern gleichermaßen auch mit ihm auferstehen, ist evident.

Betrachtet man nun die Geschichte des Kreuzes bis Luther zusammenfassend, dann fällt auf, wie sich die Sicht auf das Symbol und auf das Geschehen, das dadurch symbolisiert wird, grundsätzlich gewandelt hat. Aus dem Schandmal ist spätestens mit der Kreuzauffindung und den christologischen Weichenstellungen im vierten und fünften Jahrhundert ein Triumphzeichen geworden, das in unmittelbarem Zusammenhang mit der Erlösung des sich selbst nicht erlösen könnenden Menschen gesehen wurde. Eine ausgesprochene Sühnopfertheologie kam erst mit Anselm von Canterbury und also recht spät, im elften Jahrhundert, auf. Das Kreuz wurde in der Folge vor allem für die rechte Interpretation des Altarsakraments unerlässlich und darin durchaus auch für das Selbstverständnis der dieses Sakrament verwaltenden und spendenden Kirche. Eine Kirche, die das blutige Opfer auf dem Altar unblutig wiederholt und so neu an der Versöhnung teilhaben lässt, erneuert das Kreuzesgeschehen und verfügt damit über die Macht über ewige Seligkeit oder ewige Verdammnis. Auffallend ist zudem eine verstärkte Verinnerlichung des Kreuzesgeschehens. Das Kreuz wird zunehmend zum Symbol eines Geschehens zwischen dem Gekreuzigten und dem, der sich gläubig in dieses Symbol versenkt, also eines personalen Geschehens. In der Nachfolgemystik erhält diese Richtung ihren Höhepunkt und wird dort zu einem flammenden Plädoyer für das Kreuz.

3. Das Kreuz bei Luther – Die Grundachse des Lebens

3.1 Frühe Äußerungen Luthers

Dass Luthers Aussagen allesamt nicht einfach vom Himmel gefallen sind, sondern er in bestimmten Traditionen steht und diesen Traditionen nicht nur ablehnend gegenüberstand, sondern sie durchaus auch positiv rezipiert hat, ist inzwischen Allgemeingut kirchenhistorisch und theologiegeschichtlich verantworteter Wissenschaft. Auch für sein Nachdenken über das Kreuz kann er auf Vorbilder zurückgreifen, und einiges, was im Folgenden festzuhalten ist, erinnert deutlich an das, was im Überblick über die Geschichte des Kreuzes bereits begegnete. Dies gilt umso mehr für seine frühen Äußerungen zum Kreuz, die aus der Zeit vor dem reformatorischen Durchbruch (dessen genaue Datierung nach wie vor umstritten ist) zum Kreuz zu finden sind. Luther dürfte das Kreuz buchstäblich ständig vor Augen gewesen sein, und zwar weniger theoretisch als figürlich. In den Kirchen waren Kreuzesdarstellungen auf den Flügelaltären und Altarretabeln anzutreffen, wie die Kreuzwege erinnerten sie die Gläubigen an die Passion und das, was einen Christus Nachfolgenden erwartet. Erfurt galt mit seinen vielen Kirchen als Rom des Nordens, so dass Luther in seiner Klosterzeit dort mit vielen solcher Darstellungen in Berührung gekommen ist. In seiner Wittenberger Zeit hat er darum gewusst, dass einige bedeutende Kreuzreliquien zum Reliquienschatz des Kurfürsten gehörten. Kreuze, Kreuzesdarstellungen, Kruzifixe waren in seinem Alltag gegenwärtig. Auch die damit verbundenen abergläubischen Elemente, wie das, Palmzweige kreuzweise über das Feuer zu legen, um das Haus vor Gewitter zu schützen, oder auf den Acker, um die Ernte vor Hagelschaden zu bewahren.[42] Luther äußert sich auch über Berichte, es fielen verschiedenfarbige Kreuze vom Himmel, die sich auf leinenen Gewändern festsetzten, die sich in den Jahren 1501 bis 1503 gehäuft finden und für ihn Vorboten eines nahen Weltendes darstellen.[43] Eine Bemerkung in einer Tischrede legt nahe, dass er über seinem Tisch ein Kruzifix hängen hatte.[44] Luther war also, das wird man schließen dürfen, durchaus eingefärbt in die Kreuzesvorstellungen seiner Zeit. Doch schon sehr früh setzt er wichtige Akzente, die ihn zu einer anderen Kreuzestheologie führen.

Schon 1513 wird ihm das Kreuz ein Schlüssel zum Verständnis der Schrift. In Randbemerkungen zum Psalter erwähnt er zu Psalm 9, das Kreuz Christi sei das Urteil, das die tragen können, die vor der Welt als töricht, ruhmlos und nichtig gelten.[45] Nur andeutungsweise, aber immerhin legt Luther das Vexierbild vor, das entsteht, wenn durch das Kreuz geschaut wird: Es bleibt nichts, wie es den Augen schien, das Äußere muss mit dem Inneren, dem Herzen in der Tiefe erkannt werden, das Anstößige und Törichte ist in Wahrheit das Erlösung Bringende. Das Urteil, das die Welt über sich selbst erwartet, ist schon längst gesprochen und fällt so ganz anders aus, als irgendwer sich vorstellen mochte. Das alles deutet sich in diesen wenigen Sätzen bereits an.

Seine erste große Vorlesung hielt Luther 1513 bis 1515, und zwar ebenfalls über die Psalmen. Das war nicht weiter verwunderlich, gehörte doch das Psalmgebet so sehr zum Tagesablauf jedes Mönchs, dass ihm dieser biblische Text ganz vertraut gewesen sein dürfte. Für einen jungen, noch recht unerfahrenen akademischen Lehrer ein willkommenes Geschenk, wenn man die Lehrtätigkeit mit einem Stoff und mit Themen beginnen darf, die einem aus anderen Kontexten schon nahegekommen sind. Luther, der sich in seiner Klosterzeit mit seinem Gewissen plagte und im Psalter seine Empfindungen und Erfahrungen widergespiegelt sah, sind sie allemal sehr nahegekommen. In der Auslegung von Ps 4,4a (»Erkennt doch, dass der Herr seine Heiligen wunderbar führt«) wird ihm das Kreuz erstmals zu einem wichtigen hermeneutischen Schlüssel. Es begegne einem überall, aber selbst die Apostel hätten nicht verstehen können, dass ihr Meister und Vorbild eine solche Schmach erleiden soll, sterben soll, gekreuzigt werden soll; die wundersame Führung des Herrn, von der der Psalmvers spricht, haben sie noch nicht begreifen können.[46] Mag er hier »Kreuz« auch noch stark im Sinne der »Bedrängnis« verstehen, so löst sich diese Deutung doch spätestens in der Betrachtung von Ps 31,2 auf, wo er von der »sapientia crucis Christi« (Weisheit des Kreuzes Christi) spricht[47] und das Kreuz indirekt mit dem Evangelium identifiziert; an dieser Stelle wird die Weisheit des Kreuzes gegen die Erkenntnisfähigkeit des Verstandes ausgespielt und vor allem die scholastische Theologie an ihre Grenzen erinnert.

Wohl dem Einfluss seines Beichtvaters Staupitz ist es zu verdanken, dass Luther mit tiefer Christusfrömmigkeit erfüllt wurde, die sich im Scholion zu Ps 17,8 niederschlägt, wenn er den dort erwähnten Schatten der Flügel Gottes, die als Schutz und Schirm dienen sollen, mit dem Glauben an Christus, der durch seine am Kreuz ausgebreiteten Arme Schatten spendet, gleichsetzt.[48] Der Glaube an das Kreuz wird zum geistlichen Schatten für die angefochtene, gefährdete und also zu schützende Seele.

Eine erste richtige Herausforderung, über das Kreuz und den Tod Jesu nachzudenken, bedeutet für Luther Ps 84,4, in dem es heißt, der Vogel habe ein Haus und die Schwalbe ein Nest gefunden für ihre Jungen, nämlich »deine Altäre, Herr Zebaoth, mein König und mein Gott«. »Kreuz, Kelter, Nest, Altar – das ist alles dasselbe«,[49] behauptet Luther und macht damit das Leiden, die Hingabe, auch die Opferung zugleich zu einem Hort, einer Heimat, einem Schutz, einem Symbol der Geborgenheit. Dies wird verständlicher, wenn man

Luthers ersten Satz hinzunimmt: »Unser erster Altar ist Christus«.[50] Christus wird als Priester, als Opfer und Altar bezeichnet, über den »wir Gott, dem Vater, dargebracht werden«.[51] Noch aufschlussreicher ist es, wenn er formuliert: »Das Kreuz aber ist sein Altar gewesen, auf dem er selbst dargebracht worden ist für uns, uns in sich selbst hingebend.«[52] Der Opfergedanke wird also aufgenommen, zugleich aber durchbrochen, indem von einer gegenseitigen Dahingabe gesprochen wird. Hier deutet sich an, was Luther später mit dem fröhlichen Wechsel und Tausch noch treffender bezeichnen wird. Sich an den Leiden zu freuen und sich ihrer zu rühmen, empfiehlt Luther ganz im Sinn der Nachfolgemystik. Das Kreuz, das überall entgegengehalten wird, überall begegnet, anzunehmen und nicht zu fliehen, ist ein Zeichen von Demut und Anerkenntnis eigener Schwachheit. Luther argumentiert ganz aus der Demutstheologie heraus, welche die Selbstverleugnung als Hingabe, als Selbstopferung beschreiben kann. Doch scheint auch hier schon ein passives Moment durch, das das »Selbst« insofern relativiert, als es ein wechselseitiges Moment gibt, in dem jedes Zuerst und Danach aufgehoben wird. Jedenfalls wird dies ersichtlich: Ein Sühnopfergedanke tritt hinter diesem mystischen Aspekt gänzlich zurück. Es kommt nicht auf das Opfer an, sondern darauf, dass in Christus alle Rollen zusammenfallen.

Im Scholion zu Ps 92 führt Luther dann ein wichtiges Moment ein, das seine Theologie grundlegend strukturiert: die Erkenntnis Gottes unter dem Gegenteil (sub contrario) dessen, was vor Augen liegt. Mit Hilfe der Unterscheidungen zwischen innen und außen, sichtbar und verborgen – auch späterhin wichtige Differenzierungskriterien – verdeutlicht er, dass nur derjenige, der »im Geist durch den Glauben gelehrt wird«,[53] erkennen kann, wie derjenige, der gedemütigt, angegriffen und getötet wird, in Wahrheit aufgerichtet, geehrt und ins Leben gerufen wird. Auch das Kreuz als Schandzeichen verbirgt eine andere Wahrheit als die, die vor Augen liegt. In diesem Fall wird es ganz leicht greifbar: Wer sich auf seine eigenen Kräfte verlässt, also nun auf die Sehkraft, der wird zuschanden, der sieht in Wahrheit nichts oder aber bloße Schatten dessen, was Gott ist und will. Um das, was er sagen will, zu unterstreichen, bemüht Luther im Scholion zum nächsten Psalm Paulus: Wir können nichts erkennen außer Jesus Christus, und zwar als den Gekreuzigten.[54] Das Kreuz zeigt Gott, wie er ist. Nicht wilde Spekulationen, abenteuerliche Vermutungen und scholastische Distinktionen – sondern der Blick auf das Kreuz und den Gekreuzigten macht Gottes Wesen und Willen offenbar.

Eine weitere Äußerung zum Thema Kreuz begegnet in einer Predigt zum Martinstag, die vermutlich aus dem Jahr 1515 stammt und nur noch als Fragment erhalten ist. Dort ist bereits ein Grundzug enthalten, der später wiederbegegnen wird: Im Kreuz geht es nicht um irgendetwas oder um ein Symbol, sondern es geht um das, aus dem alles andere fließt, und um Jesus Christus. Es heißt dort: »Welcher die Bibel lesen will, der muß eben darauff schauen, daß er nicht irre, denn die Geschrifft laeßt sich wol dehnen und leiten, aber keiner leite sie nach seinem Affect, sondern er fuehre sie zu dem Brunnen, das ist, zu dem Creutz Christi, so wird ers gewißlich treffen und nicht fehlen. Unum praedica, sapientiam crucis [Eines predige: die Weisheit des Kreuzes], das ist, daß dem Menschen nicht mit ist, noch vermag, und also lernet er an ihm selber verzagen, und in Christum hoffen.«[55] Wer die Weisheit des Kreuzes predigt, über sie spricht und sie zum Thema der Theologie macht, der predigt das Unvermögen des Menschen, die Wahrheit der Schrift über sich selbst zu erkennen, sein Unvermögen und Scheitern an dem, was von ihm in den Geboten gefordert ist. Ohne diese Selbsterkenntnis gibt es auch keinen Antrieb, auf Christus zu hoffen; wer meint, er könne sich das Heil selbst verdienen, der braucht Christus nicht, schon gar nicht als den Gekreuzigten.

Noch etwas anderes aber wird hier ersichtlich: Das Kreuz wird zum hermeneutischen Schlüssel, zu dem Instrument, durch das sich die Heiligen Schriften in ihrer Mitte auftun. Lässt sich der Bibelleser beim Lesen von seinen Affekten leiten, was hier wohl auch meint: von seiner persönlichen Ansicht, von seinen Vorlieben, von seiner Meinung, wird er nur das finden, was er finden will, das nämlich, was ihm und seiner vorgefassten Ansicht entspricht. Er liest in den Text etwas hinein, es kommt aber nichts für ihn dabei heraus; er versucht, den Text auszulegen, lässt sich aber nicht von ihm auslegen. Erst wenn er zum Ausgangspunkt aller Worte der Schrift kommt, wird sich ihm das Ganze dieser Schrift erschließen, werden sich scheinbare Widersprüche klären und er so manchen Dschungel durchqueren können. Die Mitte der Schrift ist der Gekreuzigte, und durch ihn lässt sich die ganze Schrift aufschließen. Später wird Luther das mit dem Begriff der inneren Klarheit der Schrift (claritas interna scripturae)[56] auf den Punkt bringen.

Vermutlich aus dem Jahr 1516 stammt eine Predigt, welche zum Tag des Apostels Andreas die Jüngerberufung in Mt 20,18ff. thematisiert. In ihr verwendet Luther das Kreuz dem Anlass gemäß durchaus im Sinne der Nachfolgemystik, wenn es heißt: »Kreuz Christi, das ist nichts anderes als alles zu verlassen und durch den Glauben des Herzens allein Christus anzuhängen. Oder so: Alles zu verlassen und zu glauben, das heißt, das Kreuz Christi zu tragen.«[57] Luther überträgt die Bilder der Berufungsgeschichte: Die Netze, die von den als Fischer tätigen Jüngern zurückgelassen werden, stehen für alles, was der Mensch einfangen will; die Boote indes bezeichnen das Sammelbecken, in dem all dies gehortet wird. Daher ist es nicht nur nötig, sich von den Netzen zu trennen, sondern noch viel notwendiger ist es, sich von den Booten zu trennen, die als Affekte oder Herz (der Sitz der Affekte) das Streben auslösen, das Handeln ermöglichen und schließlich für die Anhäufung des Erstrebten sorgen: »Das Boot zurückzulassen bedeutet daher den Affekt und den Genuss zurückzulassen.«[58] Genau dies aber verlangt das Kreuz: wirklich alles hinter sich zu lassen und Jesus bis ans Kreuz zu folgen. Die Orientierung über die Affekte soll an Christus geschehen und an nichts und niemandem sonst. Nicht nur die Netze sollen verlassen werden, sondern auch die letzte irdische Sicherheit: das Boot. Etwas pauschal kann man Luthers Äußerungen auf die Formel bringen: Wenn sich nicht innen, im Herzen, an der Orientierung etwas ändert, ändert sich auch das Äußere nur soweit, wie es das Innere zulässt, und damit dann nicht so, wie es der Glaube verlangt. Wie später ausdrücklich, so lässt Luther hier bereits die Unterscheidung zwischen dem, was vor Augen liegt, und dem Unsichtbaren aufleuchten. Der Affekt, die Ausrichtung des Menschen bezieht sich auf das Sichtbare, das Kreuz hingegen auf das Unsichtbare. Ganz ähnlich kann man es auch bei Tauler und in der Imitatio Christi des Thomas von Kempen lesen, jedoch soll dort über das Werk der Nachfolge der Affekt in die richtige Richtung gelenkt werden; bei Luther ist es der Glaube, der die neue Orientierung zum Ausdruck bringt. Vermutlich am Epiphaniastag 1517 hat Luther eine Predigt gehalten, in der er den Weg des Kreuzes als den kürzesten zum ewigen Leben bezeichnet[59] und das Bisherige gewissermaßen summarisch auf den Punkt bringt. Da außer in der Weisheit Gottes, die nun einmal im Kreuz beschlossen ist, der Mensch in absoluter Unwissenheit, ja: Nichtigkeit verbleibt, hilft nur der Blick auf das Kreuz aus dieser Blindheit heraus.

Eine weitere prominente Erwähnung findet die »theologia crucis« in der Vorlesung über den Hebräerbrief, die Luther 1517/18 gehalten hat. In einer Glosse zu Hebr 12,11 (»Jede Züchtigung aber, wenn sie da ist, scheint uns nicht Freude, sondern Schmerz zu sein; danach aber bringt sie als Frucht denen, die dadurch geübt sind, Frieden und Gerechtigkeit«[60]) setzt er Gericht und Gerechtigkeit, Zorn und Gnade, Tod und Leben sowie Böses und Gutes als die großen Werke Gottes in ein offenbar unlösbares Gegenüber – und bezeichnet dieses unlösbare Gegenüber als Theologie des Kreuzes.[61] Mehrere Bibelstellen bringt Luther hier in ein Gespräch miteinander und kommt zu dem Ergebnis, dass es dem menschlichen Auge beim Lesen dieser Stellen verborgen bleibt, also dem Verstehen und dem Wollen vollkommen entzieht, wie die Züchtigung zur Freude führen soll. Eben darin aber das gute Werk Gottes, das Werk seiner Gnade zu erfahren, ist das, was allein eine »theologia crucis« vermag.

Im unmittelbaren Umfeld der Heidelberger Disputation stehen die Resolutiones (Erklärungen, Lösungen von offenen Fragen und Unklarheiten) zu den Ablassthesen, die Luther erklärend zu den Aufsehen erregenden 95 Thesen nachlieferte. Die Abfassung der Resolutiones liegt vor der Heidelberger Disputation, sie sind aber erst danach publiziert worden. Die Ablassthesen sind weit weniger spektakulär, als ihre Wirkungsgeschichte glauben macht, sie enthalten aber eine subtile Kritik vor allem an der Vorstellung des Gnadenschatzes. Der Lehre vom Gnadenschatz (thesaurus meritorum) zufolge haben Christus und die Heiligen durch ihre guten Werke und ihr heiliges Leben so viel Gnade angehäuft, dass mehr als genug für all die übrig sei, die nicht oder nicht mehr so viel beitragen könnten, um selig zu werden; aus diesem angehäuften Gnadenschatz wiederum könne die Kirche Ablass gewähren. Dem setzt Luther in der 62. der 95 Thesen entgegen, der wahre Gnadenschatz sei Christus allein. Diesen Hauptgedanken nimmt Luther nun in den Resolutiones auf und entwickelt dort erstmals das Gegenüber einer theologia crucis (Theologie des Kreuzes) zur theologia gloriae (Theologie der Herrlichkeit). Letztere identifiziert er in der scholastischen Theologie allgemein, die Illusionen verbreite und »plane perversa«, also vollständig verkehrt ist.[62] Der Theologe der Herrlichkeit kennt den gekreuzigten und verborgenen Gott nicht, er macht es wie die Heiden und schließt von den sichtbaren Dingen auf den unsichtbaren Gott, der allgegenwärtig und allmächtig ist. Der Theologe des Kreuzes, so Luther, spricht vom Gekreuzigten und verborgenen Gott und erkennt darin den wertvollsten Schatz, den Gott selbst zurückgelassen habe, dass man ihn suche und umfasse. Zweifellos schimmert hier die bernhardinische Vorstellung vom Christus amplexus (umarmenden Christus) durch, die innige Beziehung, die der Gekreuzigte zu demjenigen herstellt, der sich ihm just in dieser Niedrigkeit und scheinbaren Ohnmacht und Verzweiflung zuwendet und ihm vertraut. Das Bild ist in diesem Zusammenhang natürlich besonders bedeutsam, verweist es doch auf die unmittelbare Beziehung zwischen Gekreuzigtem und Vertrauendem, die nicht von irgendwelchen Bedingungen abhängig ist. Christus gibt sich als Schatz ganz selbst demjenigen, der bei ihm Zuflucht sucht, und zwar ohne jede Vorleistung. Luther klagt: »Viele pilgern nach Rom oder andere heilige Orte, um das Gewand Christi, die Knochen von Märtyrern, Orte und Spuren von Heiligen zu sehen; dies verurteilen wir zwar nicht, aber wir seufzen darüber, dass wir die wahren Reliquien, nämlich die Leiden und die Kreuze, die die Knochen und Überreste der Märtyrer heilig gemacht und so großer Verehrung würdig gemacht haben, nicht nur nicht als uns zu Hause dargebracht annehmen, sondern mit ganzer Kraft zurückweisen und von Ort zu Ort reisen, als müssten wir mit höchstem

Durst und nie versiegenden Tränen das von Gott fordern, damit uns die so wertvollen, allerheiligsten Reliquien Christi wie ein Geschenk der auserwählten Söhne Gottes gegeben werden.«[63] Auf diese Weise wird das gesamte auf den Reliquien aufbauende, wirtschaftlich reizvoll gewordene Ablasswesen ad absurdum geführt. Die Theologie des Kreuzes vernichtet – das wird schon an diesen wenigen Ausführungen erkenntlich – jede Theologie, die nicht mit Christus und dem, was er allein für das Erlösungsgeschehen bedeutet, Ernst macht. So spitzt Luther noch einmal zu: »Der Theologe der Herrlichkeit [...] lernt von Aristoteles, dass das Objekt des Willens gut und das Gute liebenswert ist, das Böse aber hassenswert; daher sei Gott das höchste Gut und höchst liebenswert. Vom Theologen des Kreuzes abweichend definiert er, der Schatz Christi bestünde in Erleichterungen und Loslösungen von den Strafen, als wären es die allerübelsten und am meisten hassenswerten Dinge. Dagegen [definiert] der Theologe des Kreuzes, der Schatz Christi bestünde im Auferlegen und Anbinden der Strafen, als wären es die besten und liebenswertesten Dinge.«[64] Der Theologe des Kreuzes sieht also, wie in Jesus Christus alles, was der Mensch von einem Gott erhofft und erwartet, so auf den Kopf gestellt wird, dass wirklich alles fällt, was daran menschlicher Maßstab wäre – um dann umso tiefer, endgültig und unwiderruflich zu gelten. Das Aufbrechen jedes menschlichen Erwartungs- und Vorstellungshorizontes lässt das Kreuz radikal skandalös erscheinen. Wer aber in der Lage ist, das Wesen Gottes in dieser Verborgenheit zu entdecken, zu erkennen, zu verinnerlichen und in eine Sprache zu bringen, die das Skandalöse und Törichte daran stehen lässt, um es als Trost und Befreiung umso deutlicher zu machen – der erweist sich als wahrer Theologe.

Ein letztes Mal vor der Heidelberger Disputation erwähnt Luther den Begriff der Theologie des Kreuzes in der Auseinandersetzung mit Johann Eck im März 1518. Der hatte in Bemerkungen (Obelisci) zu Luthers Thesen formuliert, diejenigen, die vom Körper losgelöst sind, könnten der Rettung gewiss sein, weil sie durch das Fegefeuer gereinigt würden. Luther beschimpft ihn in seinen Antwortbemerkungen (Asterisci) als jemanden, der keine Ahnung von der Theologie des Kreuzes habe.[65] Die Stoßrichtung dürfte dabei eine zweifache sein: Zum einen wirft Luther Eck vor, er stütze sich für seine Argumentation auf Petrus Lombardus, also eine Autorität, die zwar für die Theologie der Zeit eine beinahe unaufgebbare Referenz darstellte, aber eben nicht unbedingt mit dem Schriftzeugnis übereinstimmt; Eck geht im Urteil Luthers an der Schrift und dem am Kreuz unter dem Gegenteil verborgenen Gott vorbei, weil seine Hermeneutik nicht stimmt, er trifft also die Sache schon aus formalen Gründen in keiner Weise. Zum anderen steht die inhaltliche Frage auf dem Spiel, was Gewissheit verschafft. Die Loslösung vom Körper als Befreiung der Seele von allem Leiblichen und damit dem, was sich zur Sünde verführen lässt, ist es, so Luther, sicher nicht. Das kann der Theologe der Herrlichkeit (den Luther im Blick hat, auch wenn die Bezeichnung nicht fällt) freilich nicht erkennen, denn sein Blick geht ja bereits vom geschundenen Leib am Kreuz auf den Auferstandenen. Luthers Betonung des Kreuzes verschafft also nicht nur dem Erlösungsgeschehen eine neue und eigene Perspektive, sondern ebenso dem diesseitigen Leben, dessen einziges Ziel nicht die Abtötung des sündigen Fleisches ist, sondern die Einsicht in die menschliche Existenz als Fleisch und Geist und der freie Umgang damit in der Welt aus der einzigen Gewissheit der bereits am Kreuz geschehenen Erlösung heraus.

3.2 Die Heidelberger Disputation 1518

Es sind nur wenige Zeilen, nur ein paar Worte. Im April 1518 bündelt Martin Luther seine theologischen Erkenntnisse in eine Thesenreihe, in der er mit verschiedenen, traditionell fest verankerten theologischen Ansichten aufräumt und sie genauso wie die Theologen, die dahinter stehen, kurzerhand für Irrglauben bzw. Irrgläubige erklärt.[66] Das in Heidelberg tagende Generalkapitel der Augustinereremiten strenger Observanz hatte Martin Luther eingeladen: nicht ganz freiwillig, aber mit durchaus vorhandenem Interesse. Luthers Ablassthesen hatten mehr Aufsehen erregt, als man ahnen konnte, ein Prozess gegen ihn wegen Ketzerei war nicht auszuschließen; nun ging es darum, den Grad des Abweichens vom rechten Glauben bei diesem aufrührerischen Mönch festzustellen. Wer kam dafür besser in Frage als der Orden dieses Mönchs, der ein ganz eigenes Interesse haben musste, den Abweichler in den eigenen Reihen besser kennen zu lernen? Man wollte hören, was dieser bis dato recht unbekannte Theologe aus dem fernen Wittenberg eigentlich will. Man musste herausfinden, ob und wie gefährlich er für den Orden werden konnte; musste man in ihm eine persona non grata, eine missliebige Person sehen, von der man sich deutlich abgrenzen musste? Oder hatten Albrecht von Brandenburg, aus Angst um seine Ablasseinnahmen, und Rom nur in Panik und überzogen reagiert? Die Ablassthesen hatten für Furore gesorgt, und obwohl Luther in ihnen weder den Papst noch die traditionelle Lehrmeinung so umfassend und abgrundtief aburteilte, wie dieser Furor glauben machen kann, haben manche etwas in ihnen entdeckt, was tatsächlich inhaltlich revolutionär sein könnte. Aber wie revolutionär war das wirklich? Was war von diesem Mönch eventuell noch zu erwarten? Oder war es möglicherweise mit einer Abmahnung und der Aufforderung, die Füße ein wenig stiller zu halten, vielleicht auch getan?

Martin Luther bestätigte jeden Verdacht in der Disputation, die am 26. April in der Heidelberger Universität abgehalten wurde, und zwar in der Aula der Artistenfakultät, so dass auch viele Studenten an der Disputation teilnahmen. In 28 Thesen nahm Luther nicht, wie wahrscheinlich erwartet, erneut explizit zum Thema Ablass Stellung, sondern widmete sich den Fragen, die im unmittelbaren Zusammenhang damit standen: Werkgerechtigkeit und freies Willensvermögen, Liebe Gottes – und Kreuz. Und obwohl dieser Zusammenhang allen Anwesenden klar sein musste, wurde mit der Themenerweiterung deutlich, welche Dimensionen dieser ansonsten vielleicht sogar eher harmlose Disput um den Ablass entwickelte. Plötzlich geht es nicht mehr nur um einen Fall von Missbrauch einer im kirchlichen Gebrauch stehenden Sache, sondern es geht an die Wurzel des Übels. Während andere Reformer nur ein Haus renovieren wollten, war Luther dabei, die Fundamente einzureißen. Und während die Universitätslehrer von Luthers Disputation relativ unbeeindruckt blieben, waren einige der anwesenden Studenten so begeistert von dem Vorgetragenen, dass sie ihrerseits die Reformation in ihren Heimatterritorien zu etablieren halfen. Unter ihnen waren Martin Butzer (1491–1551), der als Berater des Landgrafen von Hessen, als Prediger in Straßburg und in Cambridge breite Wirkung erzielte; Erhard Schnepf (1495–1558), der in Württemberg der Reformation im lutherischen Sinn zum Durchbruch verhalf; Martin Frecht (1494–1556), der in seiner Heimatstadt Ulm die Reformation einführte; und Johannes Brenz (1499–1570), der namentlich in Schwäbisch Hall wirkte. Luthers Thesen hatten offenbar vor allem auf die jüngere Generation großen Eindruck gemacht. Sie versprachen sich eine Synthese aus humanistischer Traditionskritik und tiefer Frömmigkeit, die neu war und vielleicht endlich die ersehnten Reformen brachte, die so dringend nötig waren.

Luther spielt regelrecht mit den Erwartungen. Der Begriff des Ablasses fällt nicht – und doch greift er ein in den Ablassthesen und im Ablasssermon zentrales Thema auf: Welche Sünden können vergeben werden? Der Unterschied zwischen Tod- und lässlichen Sünden wird von Luther in den ersten zwölf Thesen als absurd entlarvt. »Todsünden«, so definiert er, »sind [Taten], die gut erscheinen, dennoch innerlich Früchte einer schlechten Wurzel und eines schlechten Baumes sind.«[67] Demnach haftet auch allem Werk, das der Mensch vollbringt, immer das Attribut der Todsünde an, denn es ist niemals unabhängig von der Ursünde zu sehen, die nach Luther darin besteht, dass der Mensch nicht wollen kann, dass Gott Gott ist.[68] Die Leugnung seiner Geschöpflichkeit, das Nicht-wahrhaben-Wollen Gottes als Schöpfer macht den Menschen zum ewigen Sünder, das schlechte Werk ist lediglich ein Ausfluss aus dieser Grundverkehrtheit, aus dieser Abkehr von Gott. Insofern ist das in guter Absicht und mit bestem Wissen und Gewissen vorgebrachte Werk des Menschen erst recht eine Todsünde, denn der Mensch täuscht sich über seine wahre Natur und meint, er könne seine Sündenverfallenheit überwinden. Allein aber das in Christus geschehende Werk kann ein gutes Werk sein.

Damit steuert Luther auf einen ersten Spitzensatz zu. Das freie Willensvermögen war von jeher der Tradition liebstes Kind, wenn es darum ging, eine Beteiligung des Menschen am Heilsgeschehen zu benennen. Das willentliche »Ja« zu Gottes Heilswillen galt als Motor des Rechtfertigungsgeschehens, und von Gabriel Biel, dessen Theologie Luther studiert hat, stammt die Überzeugung, dass Gott, der sich in seiner Allmacht zugunsten der menschlichen Erlösung selbst beschränkt hat und diese Erlösung will, sie dann schenkt, wenn das menschliche Willensvermögen das tut, was in seinen Kräften steht. Eben diese Aussage jagt Luther gewissermaßen über die Klippe, wenn er dem Willensvermögen bescheinigt, es begehe im eben aufgezeigten Sinn eine Todsünde, wenn es tue, was in seinen Kräften steht.[69] Ganz in der Tradition Augustins kennt Luther für das menschliche Willensvermögen lediglich eine Freiheit zum Bösen; wäre es ihm auch möglich, sich für das Gute zu entscheiden, so ist es doch so sehr Knecht der Sünde, dass diese Möglichkeit nicht auch zu einer Fähigkeit wird. Wer sich also auf seine natürlichen Kräfte verlässt, häuft, so Luther in unvergleichlicher Deutlichkeit und Schärfe, nur Sünde auf Sünde,[70] verstrickt sich immer mehr darin, anstatt dass er sich daraus befreien könnte.

Luther ist Seelsorger. Er weiß, dass diese Sicht auf den Menschen nicht gerade vergnüglich ist. Es ist nicht angenehm und bequem, den Menschen auch ohne persönliches schuldhaftes Verhalten so sehr in der Sünde verstrickt zu sehen, dass ihm nichts Gutes gelingen kann. Auch unser modernes Unbehagen ist darin angesprochen. Die Sünde als Verhängnis, sozusagen als negatives Erbgut, dem sich niemand entziehen kann, auch bei aller Gegenwehr und Vorsicht nicht – das ist eine Vorstellung, die noch einmal mehr dem Menschen im nachaufklärerischen Zeitalter widerstrebt, das mit seinem anthropologischen Optimismus, seinem Fortschrittsglauben und seinem Vertrauen in die menschlichen Fähigkeiten einen ganz anderen Weg beschreitet als der »mittelalterliche Mönch« Martin Luther. Der aber greift dieses Unbehagen auf und formuliert: »So zu reden, heißt nicht, Anlass zur Verzweiflung zu geben, sondern das Bemühen anzuspornen, sich zu demütigen und die Gnade Christi zu suchen.«[71] Es geht also zuerst und zuletzt um Jesus Christus. »Sich zu demütigen« ist hier nicht zu verstehen als Selbsterniedrigung, sondern stellt das Gegenüber zum Hochmut dar, den Luther zuvor als Grund der Sünde hervorgehoben hat. »Demut« meint also nichts anderes, als seine Rolle als Geschöpf ernst zu nehmen und nicht etwas anderes sein zu wollen als dieses von Gott gewollte, geliebte, gehaltene und erlöste Geschöpf. Als dieses Geschöpf aber ist der Mensch angewiesen, und zwar auf die Gnade Gottes. Dazu soll die Erkenntnis der eigenen Sündhaftigkeit, Unzulänglichkeit, Begrenztheit, Endlichkeit, Verführbarkeit, Hinfälligkeit führen: zur Erkenntnis der Angewiesenheit und der gleichzeitigen Erkenntnis, in dieser Angewiesenheit nicht allein zu sein, sondern geborgen in dem, der um diese Angewiesenheit immer schon weiß, der die Schwäche des Menschen nicht ausnutzt und nicht bestraft, sondern sich des Menschen mitten in seiner Schwachheit annimmt und dazu den Weg nicht scheut, selbst schwach zu werden, selbst Mensch zu sein. Luther führt aus: »Es ist offenkundig, dass nicht Verzweiflung, sondern vielmehr Hoffnung gepredigt wird, wenn gepredigt wird, dass wir Sünder sind. [...] Dann sucht der Kranke das Heilmittel, wenn er das Übel seiner Krankheit einsieht.«[72] Die Einsicht in die völlige Angewiesenheit auf Gottes Gnade, wenn es um das Heil geht, ist die Voraussetzung dafür, dieses Heil nicht in den eigenen Kräften zu suchen, sondern allein in Gottes gnädiger Zuwendung und seinem Versöhnungswerk.

Dies vorausgesetzt und im Ganzen stark an dem orientiert, was er in den Resolutiones vorbereitet hatte, kommt nun Luther in These 19 dazu, danach zu fragen, was den Theologen vom Nicht-Theologen beziehungsweise den wahren vom falschen Theologen unterscheidet: »Nicht der wird mit Recht ein Theologe genannt, der das unsichtbare [Wesen] Gottes erblickt, das durch das erkannt wird, was gemacht ist.«[73] Der Verweis auf Röm 1 verdeutlicht, wie dies zu verstehen ist: Jedem, der sehen kann, werde das unsichtbare Wesen Gottes in seinen Schöpfungswerken erkennbar werden; Gott ist in seiner offenbar am Tage liegenden Schöpfung ganz und gar sichtbar, auch wenn er selbst unsichtbar ist. Das könnten alle sehen und erkennen, doch die sich Weise nennen, erkennen dies eben nicht. Dieses unsichtbare Wesen zu erkennen, nämlich Gottes Kraft und Weisheit, mit der er alles geordnet hat, ist aber eigentlich auch keine Kunst, denn das liegt ja indirekt vor Augen. Die Theologie hat es also nicht mit dem unsichtbaren Wesen Gottes zu tun. Womit aber dann? Nun steuert Luther auf die eigentliche Pointe zu. So heißt es in These 20: »Sondern wer das Sichtbare und die dem Menschen zugewandte Rückseite Gottes erkennt, die durch Leiden und Kreuz erblickt wird.«[74] Und in These 21: »Der Theologe der Herrlichkeit nennt das Übel gut und das Gute ein Übel. Der Theologe des Kreuzes sagt, was die Sache ist.«[75] In der Erläuterung erinnert Luther an 1Kor 1,21: Da die Welt Gottes Wesen nicht einmal an seinen Werken erkennen wollte, offenbart er sich nun in seinem Wesen und Willen auf eine Weise, die noch schwerer verständlich scheint. Die Kunst des Theologen besteht darin, nicht das Vordergründige, das jeder und jede sehen kann, zu erkennen, sondern die Rückseite zu betrachten, die aber in Wahrheit dem Menschen zugewandt ist. Das klingt zunächst verwirrend und geht auch über die Anspielung auf Mose hinaus, der auf dem Sinai nur die Rückseite Gottes schauen durfte und konnte, andernfalls hätte ihn die Herrlichkeit Gottes getötet (Ex 33,18–23). Es wird aber sofort verständlich, wenn man sich das einmal ganz konkret vor Augen führt. Dann scheint es dem Menschen doch im Moment des Kreuzes so, als sei Gott ganz fern, als wende er sich ab, als sei die Mission »Erlösung des Menschen« gescheitert und jede Hoffnung mit Jesus am Kreuz gestorben. Man meint zu sehen, wie Gott sich abwendet. Man sieht nur seine Rückseite. In Wahrheit aber ist es eben diese Rückseite, die sich dem Menschen zuwendet. Der deus absconditus, der verborgene Gott, ist der offenbare, der deus revelatus; der ferne Gott ist der nahe; der Gott, der gestorben ist, ist lebendig. Der Gott, der sich abwendet,

wendet sich in Wirklichkeit ganz und gar zu. Der Gott, zu dem das Tischtuch ein für allemal und endgültig zerschnitten scheint, versöhnt den Menschen mit sich. All dies aber kann nur durch das Kreuz hindurch gesehen werden, ist nicht ohne Kreuz und Leiden zu haben. Denn das Kreuz offenbart Christus, »den in den Leiden verborgenen Gott«.[76] Das Kreuz ist nicht weniger als die Fülle – es ist die Fülle. Wer das Kreuz gesehen hat und es als das erkennt, was es ist, hat alles gesehen. Jedenfalls alles das, was zum diesseitigen und zum ewigen Leben notwendig ist. Erst durch diesen Blick auf das Kreuz und durch das Kreuz hindurch wird die Wahrheit des Evangeliums in ihrer Tiefe erkannt. Es führt kein Blick am Kreuz vorbei, und es darf auch nicht übersehen oder transparent gemacht werden, um das Auge sogleich auf die darauf folgende Herrlichkeit des ewigen Lebens zu führen. Das Kreuz ist ein Kreuz ist ein Kreuz, und Jesu Tod ist ein Tod ist ein Tod. So könnte man im Anschluss an Rose Ausländers »eine Rose ist eine Rose« formulieren. Freilich bleibt es dabei nicht. Wer aber wissen will, was es um die Erlösung ist, der muss unter das Kreuz und den, der dort hängt, als den begreifen, der für mich gestorben ist. Der wird das Kreuz nicht schönreden, nicht wegdiskutieren, nicht verbannen. Und der ist auch in der Lage, alles andere beim rechten Namen zu nennen. Die Feinde des Kreuzes, wie Luther die Theologen der Herrlichkeit im Gegensatz zu den Theologen des Kreuzes nennt, ziehen »die Werke den Leiden, die Herrlichkeit dem Kreuz, die Macht der Schwäche, die Weisheit der Torheit und insgesamt das Gute dem Übel« vor.[77] Der Theologe der Herrlichkeit möchte sich im Glanze Gottes sonnen und es mit seiner Theologie bequem haben. Der Theologe des Kreuzes weiß, dass die Gnade nicht billig und die Theologie nicht bequem ist. Er weiß aber genauso um das Evangelische des Kreuzes, das, was frohe Botschaft daran ist, und um das Heilsame, das allein dort zu finden ist. Das Kreuz ist nicht dunkel und ein Zeichen der gescheiterten Hoffnung, sondern trägt selbst durch Erfahrungen von Scheitern und Hoffnungslosigkeit hindurch. Und: Nur mit dem Kreuz ist Nachfolge möglich. Zwar führt Luther diesen Gedanken an dieser Stelle nicht aus, aber es ist doch offensichtlich: Nur wer den Rücken des Erlösers sieht, kann dem, der da also vorangeht, nachfolgen, den Weg gehen, den dieser vorzeichnet und vorangegangen ist. Nur wer sich im Rücken Jesu Christi befindet, kann sehen, wohin der Weg geht und was er tun soll. Das alles entgeht dem Theologen der Herrlichkeit.

Luther steigert seine Polemik gegen diesen in These 22 noch, indem er plausibel erklärt, wie aus dem Streben, Gottes unsichtbares Wesen zu erkennen, dreierlei Folgen erwachsen. Die erste und wichtigste ist natürlich, dass er dabei die dem Menschen zugewandte Seite nicht mehr sehen kann. Die zweite ist, dass er sich darauf etwas einbildet und meint, durch seine Erkenntnis bereits der Erlösung nahegekommen zu sein. Die dritte schließlich liegt darin, dass von dort aus der Weg in die neugierige, indes unfruchtbare Spekulation nicht mehr weit ist und der Wille, Gott ganz und gar zu erforschen, sich klar jenseits der Offenbarungsgrenzen bewegen wird. Nicht mehr der Gott, der sich in der Schrift offenbar gemacht hat, wird zum Gesprächspartner, sondern der Gott, der verborgen bleiben will, wird zum Forschungsgegenstand im Labor. Luther wird diese Grenze später in der Auseinandersetzung mit Erasmus von Rotterdam noch deutlicher ziehen: Die Theologie hat sich ausschließlich mit dem in der Schrift offenbaren Gott zu befassen; alles andere ist unfromme Neugierde und Spekulation. Luther folgert: »Es bleibt also als Heilmittel nur, dass man [die Begierde] nicht durch Stillung heilt, sondern durch Auslöschung, das heißt, dass der, der weise werden will, nicht Weisheit sucht, um voranzukommen, sondern töricht wird, indem er Torheit sucht, um zurückzukommen.«[78] Und diese Torheit kommt ihm im Kreuz entgegen. Man müsste mit Luther also eigentlich noch einen Schritt weitergehen und sagen: Das Verderbliche an der Weisheit und der falschen Theologie, nämlich derjenigen der Herrlichkeit, kann nur dann wirklich ausgelöscht werden, wenn auch die Torheit nicht mehr gesucht wird, sondern man sich von ihr finden lässt.

Bleibt noch die Frage, warum Luther in diesen Thesen so dezidiert vom »Theologen des Kreuzes« (theologus crucis) und nicht von der »Theologie des Kreuzes« (theologia crucis) redet. Die Hauptursache dafür dürfte darin liegen, dass es ihm gerade in dieser Frage nicht darum geht, einen abstrakten Begriff für eine von der Erfahrung losgelöste Wissenschaft zu etablieren, der gegen das bisherige Verständnis von Theologie aufgestellt werden könnte. Sondern im Gegenteil ist es ihm wichtig, die persönliche Verbindung des Glaubenden zum Kreuz neu zu bestimmen. »Theologe« ist hier keine Bezeichnung für jemanden, der professionell das Seelsorger- und Predigeramt versieht oder die akademische Lehre vertritt; »Theologe« wird hier zum Kommunikations- und Beziehungsbegriff zwischen Mensch und Gott; der Mensch, der sich in dieser Kommunikations- und Beziehungsebene zu Gott versteht, ist ein Theologe, und zwar darum, weil all sein Denken, Reden und Tun aus und in dieser Ebene lebt, also »theologisch« ist. Luther war es wenig um eine Wissenschaftstheorie zu tun,[79] auch wenn natürlich seine Mahnungen durchaus gegen das scholastische Spekulieren und philosophische Argumentieren gerichtet sind, wie vor allem die philosophischen Thesen 29 bis 40 der Disputation zeigen.[80] Sein Anliegen ist vielmehr und sehr grundsätzlich, eine Art Fundament des rechten Umgangs des angewiesenen Geschöpfs und seines gnädig schenkenden und zusagenden Schöpfers zu formulieren.

Die folgenden Thesen unterstreichen den tiefen Zusammenhang zwischen Rechtfertigungserkenntnis, Kreuzestheologie und Christologie.[81] Was nicht in Christus ist, ist dem Fluch des Gesetzes ausgesetzt (These 23), das missbraucht wird, wenn es als Erlösungsweg missverstanden wird; es wird wie die Weisheit aufs Schändlichste verdreht, wenn seine Grenzen nicht beachtet werden und es für etwas in Anspruch genommen wird, wofür es nicht gedacht ist (These 24). Die Gerechtigkeit des Menschen liegt nicht darin, viele Werke zu tun, sondern an Christus zu glauben, denn dieser Glaube wirkt, ohne darüber nachzudenken, ob es sich um ein gutes, ein verdienstliches Werk handelt (Thesen 25 und 26). Was aber »macht« der Glaube? Er vertraut auf das, was am Kreuz geschehen ist, er vertraut auf Christus (Glaube ist unbedingt immer als Vertrauen zu verstehen[82]) und vertraut auf die Wahrhaftigkeit seiner Zusage. Der Glaube verweist also in seinem Tun immer schon auf den Anderen, der am Kreuz etwas getan hat, was der Mensch niemals tun könnte, wie sehr er sich auch anstrengte, wie sehr er es auch wollte. Die Versöhnung, so kann man nun schließen, geschieht also nicht durch irgendein Werk, nicht einmal durch den Glauben, insofern er ein menschliches Tun ist; Versöhnung geschieht allein dadurch, dass Gott den Menschen in seiner Sünde nicht allein zurücklässt, sondern sich ihm gnädig zuwendet und ihm in seiner Menschlichkeit, Schande und Ohnmacht am Kreuz und im Tod seines Sohnes zeigt, wie sehr er um diese Situation des Menschen weiß und wie er sich ihm gerade inmitten der scheinbar größten Abwesenheit gnädig zuwendet. So pointiert Luther am Ende der theologischen Thesen: »Die Liebe Gottes findet das für sie Liebenswerte nicht vor, sondern erschafft es. Die Liebe des Menschen entsteht aus dem für sie Liebenswerten.«[83] Sich in diesen Glaubensraum zu begeben, alle traditionellen Muster und Strukturen und Lehrstücke hinter sich zu lassen, anzuerkennen, was der Mensch ist und nicht kann, und alles, was mit der Erlösung zusammenhängt, Gott zuzuschreiben – das kann keine Theologie der Herrlichkeit, das kann nur eine Theologie des Kreuzes. In These 24 spricht Luther auch klar von einer theologia, nicht mehr von einem theologus crucis, denn eine Theologie des Kreuzes macht nun aus der persönlichen Erfahrung des Einzelnen, des Theologen des Kreuzes, das Fundament, aus und mit dieser Erfahrung das Leben dieser Welt zu gestalten und ihm Orientierung und Struktur zu geben – vertikal wie horizontal, in alle Himmelsrichtungen, in Glaubensgewissheit und Anfechtung, Freude und Trauer, Leben und Tod.

Ganz ähnlich wie fast 300 Jahre später Friedrich Daniel Ernst Schleiermacher in den »Reden über die Religion an die Gebildeten unter ihren Verächtern« gibt Luther der Theologie einen neuen Ort zwischen Metaphysik und Moral. Während die Metaphysik theologischen Unfug treibt, wenn sie sich in selbstherrlicher Überschätzung der eigenen Möglichkeiten aufbläht, der Wahrheit Gottes aber nicht näherkommt, bildet sich die Moral in tödlichem Vertrauen auf die menschlichen Kräfte und Möglichkeiten ein, Gott über das gute Werk versöhnen zu können. Schleiermacher nennt den wahren Ort der Religion dann allerdings »Gefühl« und sieht ihn in der menschlichen Sehnsucht nach dem Unendlichen. Luther stellt die Theologie ganz außerhalb des Menschen, außerhalb jedes frommen Selbstbewusstseins in die Wahrheit, die auf den Menschen zukommt und – wenn man dies einmal so nennen will – in die Sehnsucht Gottes, seiner Schöpfung das Leben zu schenken: ins Kreuz. So lautet die Summe der lutherischen Überlegungen: »Ergo in Christo crucifixo est vera Theologia et cognitio Dei.« – »Also ist im gekreuzigten Christus die wahre Theologie und Erkenntnis Gottes.«[84]

In der Heidelberger Disputation Spuren einer mystisch-monastisch gefärbten Frömmigkeit und Demutstheologie zu entdecken,[85] ist sicher nicht von der Hand zu weisen. Zugleich aber hat Luther in den Thesen mit dem Kreuz einen neuen Dreh- und Angelpunkt einer sich von mystischen und monastischen Elementen (vor allem, insofern sie einer Werkgerechtigkeit zuarbeiteten) lösenden Theologie gefunden. Das Kreuz wird zum Kern der Nuss, zur Mitte – und mitten in all dem Schrecklichen, Skandalösen und Ärgerlichen zu einem Zeichen von christlicher Freiheit und Hoffnung. Dass die Rechtfertigungserfahrung also nicht ohne Anfechtung und daher die Gewissheit des Glaubens nicht ohne das Kreuz zu haben ist, wird bei Luther zu einem Zentralmoment seiner Theologie. Diesen wird er auch nach 1518 immer wieder zur Sprache bringen.[86]

3.3 Zentrale Äußerungen Luthers nach 1518

Genau diesen Gedanken führt Luther 1519 in der Auseinandersetzung mit Johannes Eck während der Leipziger Disputation weiter. Dort hält er dem Ingolstädter Theologen, der behauptet hatte, die Verzweifelten könnten nicht singen, entgegen: »[Nach vielen Hinweisen aus den Psalmen] heißt dem Herrn zu singen nicht immer, sich übermäßig zu freuen, vielmehr ist das neue Lied das Lied des Kreuzes, das heißt Gott mitten in der Not und sogar im Tod zu loben, und ihn [in diese Erfahrungen hinein]ziehen.«[87] Luther erinnert Eck also an die Klagepsalmen, die nichtsdestoweniger Lieder darstellen. »Kreuz« dürfte an dieser Stelle nicht nur in einem verallgemeinernden Sinn als Leiden verstanden sein, sondern den hermeneutischen Schlüssel dafür darstellen, dass das Lob Gottes nicht am Schrecklichen und Unverständlichen, nicht an der Anfechtung endet, sondern dort erst seine Deutung erhält. Nicht verstanden als

Schönrednerei, Beschwichtigung, Sinnstiftung, sondern als rechte Verortung von Not und Drangsal.

Wenige Wochen zuvor schon hatte sich Luther intensiv mit dem Kreuz und dem Leiden im »Sermon von der Betrachtung des heiligen Leidens Christi« auseinandergesetzt. Darin verdeutlicht er, dass nur derjenige das Leiden Christi und sein Kreuz recht verstehen kann, der Gott um seine Gnade bitte, er möge ihn zu diesem inneren Verstehen führen. Jedes bloße Nachahmen der Passion sei das Werk, das keinen Schritt näher zu Gott bringe; erst wer verinnerliche, wie Gott in Christus zum Menschen gekommen sei, könne sich selbst als Sünder und Gott als den Gnade Schenkenden begreifen; daraus folgt der fröhliche Wechsel: »Dann wirfst Du Deine Sünden von Dir auf Christus, wenn Du fest glaubst, dass seine Wunden und Leiden Deine Sünden sind, dass er sie trage und bezahle [...]. [Darauf] musst du Dich mit aller Wagnis verlassen, je mehr, desto härter Dich Dein Gewissen martert. Denn wenn Du das nicht tust, sondern Du Dich vermisst, [die Unruhe des Gewissens] durch Deine Reue und Genugtuung zu stillen, wirst Du niemals zur Ruhe kommen und zuletzt doch verzweifeln.«[88] Aus der geschenkten Ruhe heraus indes (Luther verwendet mystisches Gedankengut, um die Versenkung in das Herz Christi zu beschreiben) kann der Kampf gegen die Sünde aufgenommen werden. Diesen tröstlichen Gedanken, in Christus und seinem Kreuz zur Ruhe zu kommen, vertiefte Luther im »Sermon von der Bereitung zum Sterben« aus demselben Jahr (nach der Leipziger Disputation und daher mit mehr Ruhe). Dort beschreibt er in sehr warmer Sprache, was ein Sterbender sich vor Augen malen soll, wenn ihn die Angst vor Sünde, Tod und Teufel beziehungsweise ewiger Verdammnis nicht in Ruhe sterben lassen kann: »Das ist Gnade und Barmherzigkeit, dass Christus am Kreuz Deine Sünde von Dir nimmt, sie für Dich trägt und erwürgt, und das fest vor Augen haben, nicht daran zweifeln, das heißt das Gnadenbild anzusehen und in sich zu bilden. [...] Also ist Christus das Bild des Lebens und der Gnade wider das Bild des Todes und der Sünde, unser Trost [...]. Er ist das lebendige und unsterbliche Bild wider den Tod [...]. Er ist das Bild der Gnade Gottes wider die Sünde, die er auf sich genommen und durch seinen unüberwindlichen Gehorsam überwunden hat. Er ist das himmlische Bild [wider Hölle und Verdammnis].«[89] Dass Jesus Christus selbst die Anfechtung, die Unruhe und die Angst erlebt hat, macht nach Luther noch glaubwürdiger, was am Kreuz wirklich geschehen ist, und dieses Bild des Gekreuzigten zu einem echten Trostbild. Auch wenn Luther in diesem Text immer noch Elemente mystischer Gedankenwelt aufnehmen mag, so hat er doch Entscheidendes auch schon hinter sich gelassen: Es geht nicht mehr um Nachfolge, die als gutes Werk missinterpretiert werden könnte, es geht nicht um die Versenkung in das Leiden und allein das Erträglichmachen des eigenen Leidens; vielmehr geht es um das Schauen auf das fremde Werk, das eben doch genau darin, dass es fremd bleibt und niemals mein eigenes Werk sein oder werden könnte, mir zugerechnet wird.

Als Luther sich 1519 bis 1521 erneut akademisch mit dem Psalter beschäftigt – nach eigener Auskunft nun, nachdem er die Wahrheit der Gerechtigkeit Gottes erkannt hatte –, war ihm die Theologie des Kreuzes bereits ein unverzichtbares Instrument geworden, um den Kern der Rechtfertigungserkenntnis zu benennen und gegen mystische wie scholastische Verdrehungen zu behaupten.[90] In Auslegung von Ps 5,2 bringt er das Dilemma auf den Punkt: Hart ist das Kreuz für das Fleisch, das doch lieber den strahlenden Gott als den Menschen Christus hätte, lieber die Herrlichkeit sucht als das Kreuz und davor zurückschreckt, die Herrlichkeit durch das Kreuz zu suchen.[91] Der Reformator scheint durchaus für ein Zögern Verständnis zu haben, wenn es um die Radikalität des Kreuzes geht. Doch führt letztlich kein Weg daran vorbei. Die Deutung von Ps 5,12 und entsprechend zu Rate gezogener Schriftstellen veranlasst Luther, einen Satz zu formulieren, der in seiner Pointierung kaum zu übertreffen ist: »CRUX sola est nostra Theologia.« – »Im Kreuz allein besteht unsere Theologie.«[92] Während die mystischen Theologen sich wohl kaum selbst verstünden, wenn sie das »in die Dunkelheit gehen« als »Aufsteigen über das Sein und das Nichtsein« interpretierten, sollte man doch besser das Ganze beim Worte nehmen und die Leiden des Kreuzes, des Todes, der Hölle damit angezeigt sehen. Die Theologie des Kreuzes also sagt, was Sache ist, und daher ist ein Theologe allein über das Kreuz in der Lage, in rechter Weise Theologie zu treiben.

In ähnlich absoluter Weise verschafft Luther in der Auslegung zu Ps 6,11 der Kreuzestheologie eine exponierte Stellung. Wer einen Text nur fleischlich vor Augen hat, wird nicht zu seiner Tiefe vordringen. Die menschliche Vorstellungswelt muss auf den Kopf gestellt werden, muss erschüttert werden, bis sich das Unterste zuoberst kehrt, damit das Evangelium offenbar wird. »Das Wort Gottes wird den Unverständigen verständlich, wenn sie durch die Leiden gut erschüttert worden sind. Das Kreuz Christi ist die einzige Unterrichtung in den Worten Gottes, die aufrichtigste Theologie.«[93] Mit der Hinzusetzung der Begriffe »Affekt« und »Erfahrung«[94] als notwendige Voraussetzungen dafür, einen Text wirklich zu durchdringen, komplettiert Luther seine Theologie des Kreuzes. Das Kreuz darf nicht fern bleiben und als Symbol eines lange vergangenen historischen Moments objektiviert werden, sondern es muss dem Menschen in seinem Leben und seinem Glauben eingeschrieben sein. Er muss durch das Kreuz selbst eine Struktur seiner Existenz bekommen und Orientierung gewinnen, er muss das Kreuz buchstäblich erinnern, also dessen innewerden, es in sich lassen, nun nicht auf mystische Weise, sondern als in sein Wesen eingesprochenes Urteil.

War in Psalm fünf die mystische Theologie Zielscheibe der Anklage Luthers, ist es in der Auslegung von Ps 9,8 die spekulative Theologie. Luther beschreibt das Amt Christi als »Richten und Rechtfertigen, Töten und lebendig Machen, Verdammen und Erlösen«[95] – wer immer eine Antwort sucht, ob das Gericht nicht überflüssig wird, wenn die Rechtfertigung allein aufgrund der fremden Gerechtigkeit Christi geschieht, bekommt in diesem kurzen Textausschnitt die angemessene Antwort. Mit Rekurs auf Ez 20 (vor allem V 44) verdeutlicht Luther, dass Gott sich des Menschen erbarmt um seines Namens willen und ihn nicht aufgibt aufgrund seiner bösen Taten. Das widerspricht so sehr menschlicher Erfahrung und menschlichem Gerechtigkeitsempfinden, dass dies nur der Theologe des Kreuzes erkennt. Wird diese Theologie des Kreuzes nicht beachtet, tritt die spekulative Theologie an ihre Stelle, die in Wirklichkeit aber nur »den Abgrund Satans sucht und findet«.[96] Luther hat das Skandalöse und Törichte des Kreuzes damit endgültig mit dem Skandalösen und Törichten der Rechtfertigung des Gottlosen verknüpft. Dass wir uns bis heute so schwertun mit beiden Elementen protestantischer Theologie, findet so seine Erklärung.

Wenn auch der Begriff einer theologia crucis später bei Luther nur noch vereinzelt begegnet,[97] so spielt die Sache natürlich alles andere als eine untergeordnete Rolle. Wenn Luther das Einzigartige des Christusgeschehens pro nobis, also für uns, für den Menschen herausstreichen und kenntlich machen will, worin eben dies besteht, bedient er sich mindestens implizit der Kreuzestheologie. Das geschieht einmal in besonders exponierter Weise im Freiheitstraktat von 1520, wo das Kreuzesgeschehen mit Hilfe brautmystischen

Vokabulars als »communicatio idiomatum«, als Tausch der Eigenschaften beschrieben wird: Der Bräutigam Christus nimmt die Sünden der Braut auf sich, während er ihr zugleich seine Gerechtigkeit schenkt.[98] Da Braut und Bräutigam – Christus und die Seele – eins sind, haben sie auch alles gemeinsam. So wird durch den Glauben allein – an dieser Stelle pointiert Luther das »allein aus Glauben«, das »sola fide« – die mit Runzeln und Makeln besetzte Seele befreit, während der reine Christus sich mit den Sünden befleckt. Dadurch geschieht, wie Luther ausdrücklich hervorhebt, die Erfüllung des ersten Gebots, das die Erfüllung weiterer Gebote ermöglicht. Entscheidend dabei ist der Vorgang selbst, nämlich »die Übernahme einer zugesprochenen fremden Identität in ein Selbsturteil. [...] Das Kreuz einerseits und der gegenwärtige Sünder sind im Vollzug des fröhlichen Wechsels, der sich in Zueignungsworten vollzieht, verbunden, so nun aber, dass da keine Eigenschaften oder ›Mächte‹ übertragen werden, sondern sich subjektive Aneignungsvorgänge und Neubestimmungen des Selbstverständnisses vollziehen. Dass Christus die Sünde trägt, heißt, dass er sich als Sünder weiß; und dass der Sünder gerecht ist, heißt, dass er sich kontrafaktisch auf den Zuspruch hin als Gerechter weiß.«[99]

Neben dem Freiheitstraktat sind es vor allem Predigten und Briefe, in denen sich Luther in seelsorglicher, tröstender Absicht an die Hörer, an Kranke und Sterbende wendet und dazu auf das Tröstliche und Befreiende der Kreuzestheologie zurückgreift. So predigt er an einem Karfreitag, wohl um 1533/34 herum: »Also ist er uns nicht gestorben zur Verdammnis, sondern für uns. Daher müssen wir das Kreuz und das öffentliche Gericht nicht anders ansehen als anstelle des Altars, auf dem er seinen Leib für unsere Sünden hingibt und mitten im Leiden gebetet und dadurch sein Priestertum bewiesen und uns zur Gnade gebracht hat, weil Sünde und Tod hinweggetragen sind; der Sünde Sold ist der Tod, wo also die Sünde hinweg ist, geht der Tod uns nichts mehr an, wenn der Tod, Hölle und Teufel hinweggetragen sind, muss ewige Gerechtigkeit da sein. Dies alles ist ausgerichtet am Kreuz und nicht durch unsere Werke und Verdienste, sondern durch seinen Leib und Blut. Das sollte unsere Freude und unser Trost sein. Das muss gepredigt werden.«[100] In diesem Zusammenhang begegnet auch eine der eher seltenen Erwähnungen des Opfers, freilich so, dass Christus sich selbst geopfert hat, weil ihm nichts so sehr am Herzen lag wie »meine Sünde«.[101] Noch mehr »entschärft« wird der Opfergedanke in einer Predigt aus dem gleichen Zeitraum, in der Luther ganz klar die Kultopfer als durch Christus beendet definiert: »Der Kult ist durch Christus beendet. Der hat den Kult auf das Predigen und die Hilfe für den Nächsten verlegt.«[102] Das wahre Opfer am Altar, am Kreuz sind also das Gebet und die Nächstenliebe.[103]

Wenn Luther den Begriff des »Opfers« verwendet, dann ausschließlich im Sinne von Hingabe. Ein besonders schönes Beispiel dafür ist eine Predigt aus einer ganzen Predigtreihe zur Passionsgeschichte; dort heißt es: »Wir haben den Tod und alles Unglück der Sünden wegen auf uns gehabt. Aber da kommt der unschuldige, heilige Sohn Gottes, gibt sich in meine Schuld, will dafür bezahlen, auf dass ich quitt und ledig bin. Aus solchen Gedanken muss der Trost kommen, dass die Herzen nicht über den Sünden verzweifeln, nicht vor Gott fliehen wie vor einem Henker oder Tyrannen, sondern sich mit herzlicher Zuversicht zu ihm kehren, seine Barmherzigkeit rühmen und preisen. [... Er lässt seinen Sohn] am Kreuz sterben und mit seinem unschuldigen Tod für unsere Sünden bezahlen [...]. Warum duldet Gott das? Ja, warum verordnet und schafft er es so? Damit Du Dich trösten sollst! Er leidet nicht für sich, sondern für Dich und die ganze Welt, wie Johannes spricht: Er sei die Versöhnung, nicht allein für unsere Sünde, sondern für die ganze Welt, und der Täufer gibt ihm darum den Namen und nennt ihn Lamm Gottes, das der Welt Sünde trägt, das meint: Ein Opfer von Gott, dazu gesetzt, dass er die Sünde der ganzen Welt auf sich nehmen und die Welt davon los und ledig machen soll. Darum muss es widersinnig zugehen: Er ist Gottes Sohn, durchaus heilig und ohne jede Sünde, weshalb er von Fluch und Tod zu Recht frei sein sollte. Wir sind Sünder, unter dem Fluch und Zorn Gottes, deshalb sollten wir Tod und Verdammnis zu Recht tragen. Aber Gott wendet es um: Der keine Sünde hat, wo nichts als Gnade ist [...], der muss zum Fluch werden und die Sündenstrafe tragen. Wir aber sind durch ihn in der Gnade und Kinder Gottes. Deshalb sollen wir diesen Trost festhalten und dieses Zeugnis der Unschuld Christi uns besonders lieb sein lassen. Denn was Christus unschuldig gelitten hat, das hat unsere Schuld und Sünde verursacht.«[104] Selbsterkenntnis, Trost, zuversichtliches Vertrauen – das alles geschieht durch das Kreuz. Und noch etwas deutet sich in diesem längeren Text an: Das Leiden des Menschen steht nicht allein; es gibt einen, der leidet mit, der leidet genauso und noch viel mehr als jeder einzelne Mensch und die ganze Welt zusammen. Dieser Gott ist mit dem leidenden Menschen solidarisch, er lässt ihn in seinem Leiden nicht allein, sondern ist mitten in ihm. Gott »begibt sich« in Christus »in die Schuld« des Menschen, er begibt sich mitten in das hinein, was den Menschen ausmacht, ihn bedrückt und bedrängt, ihn gefährdet und tötet. Er zieht sich vom Sünder nicht zurück, er betrachtet das Schicksal seiner Schöpfung nicht aus der Ferne, er lenkt die Geschicke nicht von außen – er ist mitten unter ihnen. Das ist für den Menschen Trost und Vorbild: Es hilft ihm, mit seinem eigenen Leiden, mit den eigenen Anfechtungen und Anfeindungen umzugehen.

In eben dieser Weise kann Luther auch dem Kreuzeszeichen nach wie vor etwas abgewinnen. So wird es bei ihm selbstverständlich über dem Täufling und bei der Zusammenführung der Ehepartner als Besiegelungs- und Schutzzeichen verwendet,[105] und mit diesem Zeichen sollte jeder Christenmensch den Tag beginnen und beenden, wenn er den Segen Gottes erbittet.[106] Könnte man argwöhnen, hier schlügen sich noch abergläubische Momente nieder, so wird es doch wohl eher so sein, dass für Luther das, was er mit diesem äußeren Zeichen verbindet, eine so starke Kraft hat, dass er sich sie auch und gerade im Alltag vergegenwärtigen will und sich im Schlagen des Kreuzes an das Einmalige und Unwiederholbare erinnert.

Was ist nun das Kreuz für Luther? Nirgendwo hat er dies vielleicht selbst treffender zusammengefasst als in der Beschreibung seines Siegels, der berühmten Lutherrose. Dort heißt es: »[Sie ist] ein Merkzeichen meiner Theologie. Das erst sollte ein Kreuz sein, schwarz im Herzen, das seine natürliche Farbe hätte, damit ich mir selbst Erinnerung gäbe, dass der Glaube an den Gekreuzigten uns selig macht. Denn wenn man von Herzen glaubt, wird man gerecht. Obwohl es nun ein schwarzes Kreuz ist, tötet und auch wehtun soll, lässt es das Herz doch in seiner Farbe, verdirbt dessen Natur nicht, das heißt, es tötet nicht, sondern hält lebendig. Iustus enim fide vivet, sed fide crucifixi [Der Gerechte wird aus Glauben leben, aber durch den Glauben an den Gekreuzigten]. Solches Herz aber soll mitten in einer weißen Rosen stehen, um anzuzeigen, dass der Glaube Freude, Trost und Friede gibt […], nicht wie die Welt Friede und Freude gibt, darum soll die Rose weiß und nicht rot sein; denn weiße Farbe ist die Farbe der Geister und aller Engel. Solche Rose soll im himmelfarbenen Felde stehen, dass solche Freude im Geist und Glauben ein Anfang der himmlischen Freude ist, die zukünftig wartet, jetzt wohl schon darinnen begriffen und in Hoffnung zu erfassen, aber noch nicht offenbar. Und in solch ein Feld einen goldenen Ring, dass solch Seligkeit im Himmel ewig währt und kein Ende hat und auch köstlicher ist als alle Freude und Güter, wie das Gold das höchste, köstlichste Erz ist. Christus unser lieber Herr sei mit Eurem Geist bis in jenes Leben, Amen.«[107]

Das Kreuz ist – so lässt sich mit diesem Zitat auf den Punkt bringen – für Luther das Zeichen des Lebens, und zwar das Zeichen des Lebenswillens Gottes, der will, dass sein Geschöpf in diesem Leben zurechtkommt und das ewige Leben erfährt. Dass Luther, um dies anzuzeigen, beim Kreuz selbst stehenbleiben kann und nicht den Blick schon auf Ostern lenken muss, unterscheidet seine Kreuzestheologie von den traditionellen Deutungen des Kreuzes und begründet seine Theologie des Kreuzes gegen jede Theologie der Herrlichkeit. Pierre Bühler hat darauf aufmerksam gemacht, dass dabei die Alternative der Theologie des Kreuzes gegenüber der Theologie der Herrlichkeit nicht eine Alternative von Karfreitag und Ostern ist, sondern dass »theologia crucis« eine alternative Perspektive der gesamten Theologie ist.[108] Natürlich ist der Karfreitag nicht ohne das Osterereignis zu denken – es stellt sich aber die Frage, was der Dreh- und Angelpunkt der theologischen Hermeneutik ist, das heißt: welches Moment des Christusgeschehens mit Blick auf die Rechtfertigung des Gottlosen das entscheidende ist und von wo aus sich also das Ganze der Theologie erschließt. Und das ist für Luther – gegen Mystik[109], Scholastik und Humanismus – die Gnade Gottes, die mit dem Kreuz das Lebenszeichen in die Todesverfallenheit der Welt setzt.

Das zweite wichtige Moment ist die Umdeutung des Opfergedankens. Luther geht weit über die seit Anselm verbreitete Sühnopferinterpretation hinaus, ja er kehrt sie geradezu um, wenn er mit Paulus betont, Gott sei der Urheber und alleinige Vollbringer der Versöhnung – nicht und niemals der Mensch. Gott versöhnt sich mit dem Menschen, indem er selbst Mensch wird, und erledigt in der Hingabe seines Sohnes jede kultische Opfervorstellung. In der Feier des Mahles wird daher das Opfer nicht wiederholt, sondern es wird an das einmalige und unwiederholbare Geschehen erinnert, das dem Menschen mitten in seiner Sünde die Befreiung von Sünde, Tod und Teufel brachte. Die klare und unmissverständliche Ablehnung jedes anders lautenden Opfergedankens spiegeln insbesondere die Bekenntnisschriften wider. Schon das Augsburger Bekenntnis nennt die Messopferlehre einen »grauenhaften Irrtum«[110], als sei das Opfer Jesu Christi am Kreuz nur für die Erbsünde geschehen und müssten alle weiteren Tatsünden durch eine Wiederholung dieses Opfers gesühnt werden. Das, so die Confessio Augustana in ihrem 24. Artikel, ist schlicht grober Unfug und mit dem biblischen Zeugnis nicht in Einklang zu bringen. Wenn also überhaupt noch vom Opfer geredet wird, dann im Sinne dieses einmaligen Kreuzes, mit dem Gott dem Menschen Trost und Freiheit geschenkt, sich in sein Leiden hineinbegeben hat und darin dem Menschen die einzige wahre Lebensperspektive aufzeigt. Jede Mahlfeier, jede Erinnerung an das Kreuz, jedes Kreuzschlagen ist genau dies: eine Erinnerung, eine Vergegenwärtigung, ein An-den-Tag-Bringen, was Jesus Christus dem Menschen bedeutet. Eine Vergegenwärtigung dessen, was nicht wiederholt werden kann und – und dies vor allem – in keiner Weise wiederholt werden muss, denn im Kreuz Christi ist alles geschehen! So fügt Luther in einer Genesispredigt der bekannten Aufzählung von Glaube, Liebe und Hoffnung aus dem ersten Korintherbrief das Kreuz hinzu – als Summe und Höhepunkt dessen, was ein Christenmensch vom Evangelium erfahren, lernen kann und zu tragen hat. Das Wort Gottes ist, so betont er mit Paulus, das Wort vom Kreuz und ohne das Kreuz nicht zu haben.[111] Die lateinische Variante formuliert noch schärfer, das Kreuz sei der Gefährte des Glaubens.[112] Das weist uns darauf, welch zentrale Rolle das Kreuz in der Theologie Luthers spielt. Walther von Loewenich dürfte Recht gehabt haben, wenn er behauptete: »Theologia crucis ist nicht ein Kapitel der Theologie, sondern eine bestimmte Art von Theologie.«[113] Nicht weil das Kreuz das Zentrum der Theologie des Reformators trifft, sondern weil es die Mitte der Schrift trifft und Luther dies daher zu Recht zu seinem hermeneutischen Dreh- und Angelpunkt gemacht hat, ist dem Kreuz auch heute weiter nachzudenken und ist es fruchtbar zu machen für eine verantwortete christliche Theologie.

4. Ohne Kreuz kein Rückgrat – Ein Plädoyer

Luther ist lange tot. Die Thesen der Heidelberger Disputation sind in einem bestimmten historischen Kontext anzusiedeln, und natürlich ist klar, dass in solchen Thesenreihen manche Aussage besonders spitz und scharf formuliert wurde, weil sie geradezu provozieren wollte. In den 500 Jahren seither hat es Um- und Neuinterpretationen des Kreuzes gegeben, die nicht wirklich mit Luthers Pointierungen übereinstimmten. Johann Arndt verwendete das Kreuz in seinen Büchern vom wahren Christentum, um zu innerer Buße und äußerer Umkehr aufzurufen; das Leiden und Mitleiden mit Christus wurde zum Garanten, dass man mit Ernst diesen Weg einschlug und auf ein nahes Gericht vorbereitet war. Davon ließ sich der Pietismus in seinen unterschiedlichen Ausprägungen beeinflussen, und es ist auch nicht wirklich verwunderlich, wenn die barocken und spätbarocken Bilderwelten zu mystischer Verklärung einluden (etwa in einer bestimmten Ausprägung herrnhutischer Frömmigkeit), indem sie aus den Wunden des Gekreuzigten Zufluchtshöhlen für die wahrhaft Suchenden machten. Das Leiden wurde nahezu romantisiert, das Kreuz seiner brutalen und skandalösen Wirklichkeit beraubt, mindestens ein Teil der Erlösung in den strebenden und bußbereiten Menschen zurückgelegt. Auffällig ist, wie wenig das Kreuz – jedenfalls als eigenständiges Merkmal der Christologie – in den protestantisch-orthodoxen Lehrbüchern begegnet. Eine ausdrückliche Kreuzestheologie ist dort so gut wie nicht zu finden oder begegnet konzentriert als Leiden der verfolgten Nachfolger Jesu Christi. So haben die Nichtbeachtung der Orthodoxie und die Verklärung des Pietismus auf ihre je eigene Weise mit dazu beigetragen, dass ein Lehrstück, welches anstößig und vernunftwidrig ist, den Anfragen der Aufklärung kaum standhalten konnte. Mit dem Wechsel der Blickrichtung, welche die Aufklärung vornahm und mit dem sie sich, sich von spekulativen Gedanken verabschiedend, dem irdischen Ist der menschlichen Existenz zuwandte, verschwand das Kreuz aus dem Zentrum zunehmend auch theologischen Nachdenkens. Wo die Sünde an Bedeutung verliert, bleibt nicht viel Raum für eine außerhalb des Menschen liegende Erlösung und also für das Kreuz.[114] Friedrich Daniel Ernst Schleiermacher, der Wegbereiter einer nachaufklärerischen protestantischen Theologie, ist dafür ein markantes Beispiel: »Denn bei [ihm] wurde nicht der Tod Christi, sondern das vom Erlöser ausgehende Leben in den Mittelpunkt gestellt. Alles lag daran, daß das Sein Gottes in Jesus auf uns übertragen wird – der Tod Jesu spielte dabei keine Rolle. Die Wirksamkeit Christi war die Fortsetzung der schöpferischen göttlichen Tätigkeit, aus der heraus auch die Person Christi entstand. Statt vom Tode Jesu sprach Schleiermacher von der Ertötung der alten, durch die Sünde gehemmten Persönlichkeit.«[115] Das Gegenbild dazu liefert Georg Wilhelm Friedrich Hegel mit seinem Modell des »spekulativen Karfreitags«[116], einer Metapher für das Denken und Reflektieren des Nichts, das nicht einfach sein Gegenteil, also Alles ist, und dem man nicht damit beikommt, dass man das Denken lässt und den Glauben beginnt. Indem Hegel den Karfreitag als Bild benutzt, gibt er diesem sein eigenes Gepräge als Punkt, an dem eigentlich alles danach schreit, mit allem sofort aufzuhören, alles sein zu lassen und in der absoluten Negation zu enden, an dem zugleich aber der Gegenstand selbst ebenso danach schreit, jetzt erst mit allem anzufangen, alles zu bejahen und weiterzumachen.[117] Damit sind durch Schleiermacher und Hegel (und den von ihnen jeweils positiv wie negativ rezipierten Denkern) zwei Wege eröffnet, die in der Folgezeit in Konkurrenz, aber auch in neuer Kombination zu denken und zu begehen waren. Diese weitere Geschichte der Kreuzestheologie nachzuzeichnen, ist hier nicht der Ort.[118] Es zeigen sich immer wieder ähnliche und auch neue Schwierigkeiten, das Kreuz zu denken und seine Botschaft in eine angemessene Sprache zu bringen, ohne es für andere Zwecke zu instrumentalisieren, es trivial werden zu lassen, es zu stilisieren und was für Engführungen und Verdrehungen man sich noch vorstellen mag. Die Kunst ist der vielleicht beste Spiegel dafür, wie das Kreuz ganz neu in Anspruch genommen wurde, um etwa dem Leiden der Kreatur einen ganz speziellen und tiefen Ausdruck zu verleihen.[119]

Im Folgenden soll der Blick von all diesen Schwierigkeiten, das Kreuz zu verstehen und zu deuten, hinweggelenkt werden. Freilich werden sie ernst genommen. Aber wenn es zutrifft, dass das Kreuz ein Lebenszeichen ist, wie Luther es beschrieben und zum Kern seiner Theologie gemacht hat, dann gilt es umso mehr, es stark zu machen gerade angesichts dieser Schwierigkeiten und Anfragen als

Lösung und Antwort für und auf sie. Mit Luther und zugleich über ihn hinaus ist das Kreuz neu zur Sprache zu bringen,

4.1 … weil Jesus Christus ohne Kreuz nicht zu haben ist

Es gibt viele Wege, mit den Texten umzugehen, die von Jesus von Nazareth reden. Die Geschichte der Kirche ist voll von Versuchen, sich den Schriften zu nähern, die unter dem Etikett »Altes« und »Neues Testament« gesammelt wurden, ein bestimmtes Gottesbild vermitteln wollen und die im Gebrauch der Religionsgemeinschaften als »heilig« gelten. Die lutherische Orthodoxie hat von der »Verbalinspiration« geredet, nach der Gottes Stimme selbst und unmittelbar aus den Texten zu hören sein soll. Heute, in Aufnahme all der Ergebnisse historisch-kritischer Auslegungsweise, und vermeintlich wissenschaftlich haltbarer, spricht man lieber von Geschichten oder Erzählungen, denen jeder Offenbarungscharakter fehlt, die vielmehr etwas mit den Menschen als mit einem Gott zu tun haben. Dass die Geschichten um Jesus von Nazareth aufgeschrieben wurden, hat dann zum Beispiel etwas mit der Trauerarbeit um einen verstorbenen Freund zu tun. Wie auch immer man zu diesen Modellen stehen mag, eins ist doch einigermaßen unangefochten: dass dieser Jesus von Nazareth mit einer im Römischen Reich üblichen Maßnahme bestraft und getötet wurde, nämlich durch den Tod am Kreuz. Wie immer man dieses Kreuz dann deuten mag – es muss jedenfalls gedeutet werden. Dieser Jesus am Kreuz ist nicht wegzudiskutieren, ob man ihn nun zudem als den Christus verehrt, als den Auferstandenen preist, als Sohn Gottes trinitarisch und als wahren Gott und wahren Menschen christologisch interpretiert sowie an ihn als Erlöser glaubt oder nicht. Wie auch immer man sich in diesen Fragen theologisch verortet und positioniert – am Kreuz führt kein Weg vorbei. Die Geschichte um Jesus geht nur mit Kreuz.

Das Kreuz ist das historische Faktum, dem darum eine gewisse Aufmerksamkeit zu schenken ist. Und mit dem umzugehen ist.

Dieser Jesus ist aber im Verständnis der Theologie, will sie nicht reine Kulturwissenschaft sein, zugleich der Christus. Ihn allein historisch wahrzunehmen, genügt nicht. Es sei den zeitgenössischen Religionstheoretikern die Frage gestellt, was theologische Fakultäten mit theologischen Lehrstühlen legitimiert, wenn sich das, was Theologinnen und Theologen lehren und forschen, in nichts von dem unterscheidet, was Literaturwissenschaftler, Soziologen, Allgemeinhistoriker usw. lehren und forschen. Die allseits beschworene wissenschaftliche Anschlussfähigkeit ist nicht dadurch gewonnen, dass man das spezifische Fachprofil verschleift, sondern dadurch, dass man sich an wissenschaftlich überprüfbare Methoden hält und die Aussagen dieses Profils immer wieder dem kritischen Diskurs aussetzt. Zu diesem Profil gehört nach meinem Verständnis die Aussage »Jesus ist der Christus« unabdingbar dazu. Freilich ist dies ein Glaubenssatz. Das heißt also ganz im lutherischen Sinn: ein Satz, dessen Inhalt Vertrauen zu schenken ist. So wie man in der Mathematik darauf vertraut, dass eins und eins zwei sind.

Darin liegt zugleich die ökumenische Dimension einer Theologie des Kreuzes. Dass es im Evangelium und im christlichen Glauben zentral um Jesus Christus zu gehen hat, ist – bei allen Unterschieden in den einzelnen Momenten der Christologie – gesamtchristliches Gemeingut. Aber mehr noch: »[Das Kreuz kann] als Zeichen des Friedens zwischen Gott und Menschen und als Zeichen der Eintracht unter den Christen eine kritische Instanz werden, die die Kirchen dazu herausfordert, ihr Selbstverständnis sowie den Charakter ihrer Gemeinschaft und den Stellenwert der Lehren, die die bisherige Spaltung begründen, noch einmal zu verifizieren.«[120]

Gilt dies, dann darf jetzt ein entscheidender Schritt weitergegangen werden. Dann muss nämlich gefolgert werden, es steht mit dem Kreuz Jesus Christus auf dem Spiel,

4.2 ... weil das Kreuz die Schrift in ihrer Mitte trifft

Auch hierbei ist wieder vorauszuschicken: Es gibt viele Wege, mit den Texten umzugehen, die wir heute als Ergebnis eines langen Prozesses gebündelt in dem Buch finden, das wir »Bibel« nennen. Der eben schon angesprochene Zugang, die Texte als Geschichten zu begreifen, die sich nur unwesentlich durch die Art des Erzählens und einige Inhalte vielleicht von anderen Geschichten unterscheiden, provoziert eine narratologische Interpretation. Doch selbst bei dieser Art des Umgangs muss man die Frage stellen, warum solche Geschichten erzählt wurden. Und ob nicht diejenigen, die diese Geschichten zu eben jenem Buch gebündelt haben, von einer zentralen Aussage ausgegangen sind, die sie in all diesen Geschichten gefunden haben. Ganz an der Oberfläche bleibend kann man dann sagen, die Geschichten, die hier zusammengetragen wurden, erzählen davon, wie ein Gott sich zu den Menschen verhält, und zwar in ganz unterschiedlichen Situationen. Die Erzähler wollten also in ihren Geschichten verdeutlichen, wie sich das Verhältnis zwischen Gott und den Menschen über die Jahrhunderte, ja Jahrtausende hinweg entwickelt hat und worin über all diese Zeit hin die Konstante zu sehen ist. Diese Konstante wiederum kann man mit einem ziemlich neutralen und auch modernen Anfragen standhaltenden Begriff als Zugewandtheit beschreiben. Demnach wären alle Geschichten in einem bestimmten Sinne als Geschichten der Zugewandtheit Gottes zu den Menschen zu verstehen. Auch die Geschichte von dem gekreuzigten Jesus. Nähme man diese Geschichte weg, würde eine zentrale Erzählung fehlen. Schließlich bedeutet dies aber auch, dass die Erzählung vom Kreuz ebenfalls eine der Zugewandtheit ist. Weil sich dieses Thema aber nun in einer Geschichte über einen solch grausamen Tod nicht sofort erschließt, ist sie in besonderer Weise hervorgehoben. Möglicherweise begegnet hier »Zugewandtheit« in seiner tiefsten Form. Und dies darum,

4.3 ... weil das Kreuz den verborgenen Gott ernst nimmt

Zu dieser Zugewandtheit gehört – den gesammelten Geschichten nach – auch die Erfahrung der Abgewandtheit Gottes, der Gottesferne, der Gottverlassenheit. Eine Erfahrung, die jenseits aller biblischen Erzählungen ebenso den Alltag bis in unsere Gegenwart hinein bestimmt und für welche die Theodizeefrage ein Ausdruck ist. Die Rede ist von dem verborgenen Gott, dem deus absconditus. Dieses Reden vom deus absconditus ist der Versuch der Umschreibung, dass Gott nicht einfach nicht-existent ist, wenn er nicht erfahren wird. Und ebenso, wenn er nicht als der gnädige und liebende, als der zugewandte erfahren wird. In der Rede vom verborgenen Gott wird damit Ernst gemacht, dass Gottes Gegenwart gilt, auch wenn der Mensch diese nicht erfährt oder wenn er nicht versteht, wie Gott und seine Güte angesichts bestimmter anderer Erfahrungen gelten sollen. Im Kreuz erlebt dieser deus absconditus seinen tiefsten Ausdruck. Wenn von dem, der als der Christus offenbart wurde und der als Christus bekannt wird, nichts sichtbar bleibt als ein Bündel Mensch, das gequält, gefoltert, zerschunden von einem Schandmal heruntergeholt werden muss, dann versagen Verstand und Vernunft, darin etwas Göttliches zu erkennen. Und selbst der Glaube tut sich schwer, angesichts des Kreuzes von der Zugewandtheit Gottes zu sprechen. Die Rede vom verborgenen Gott ist die einzige Möglichkeit, diese Erschütterung, diese weitreichendste Erfahrung einer Gottesferne auszuhalten. Freilich kann man sich auch einen stets in der Fülle als zugewandten begegnenden Gott vorstellen, einen »lieben« Gott, der kuschelweich ist und auf Knopfdruck in sein weiches, wallendes Gewand einlädt. Doch zeugen davon weder die Erzählungen der Bibel noch die Erfahrungen der Menschen. Dieser Gott, von dem die Geschichten erzählen, ist nicht die Summe all unserer Erfahrungen. So sich Gott vorzustellen, hieße, ihn sich gefügig zu machen. Nimmt man Gott als Schöpfer ernst, dann schließt dies ein, stets mit ihm auch als dem zu rechnen, den man sich bisher nicht vorstellen konnte. Die Erzählung vom Kreuz wäre somit eine solche, die diesem ganz anderen Gott Rechnung trägt und Raum schafft für die Rede vom Handeln Gottes, das alle Vernunft und sogar alles Glauben-Können übersteigt. Luther macht das in dem scheinbar paradox wirkenden Bild von der zugewandten Rückseite Gottes deutlich. Gerade dann, wenn Gott in dieser Weise verborgen ist, scheinbar abgewandt, ist er in Wahrheit zugewandt und nah.

Es ist noch gar nicht nötig, daran sofort die Erlösungslehre anzuschließen und ein »für uns gestorben«. In einer alltagspraktischen Weise wäre dann vielmehr unbedingt schon deshalb vom Kreuz zu reden,

4.4 … weil das Kreuz durch Anfechtung, Leid, Schmerz und Trauer trägt

Zu den schärfsten und tiefsten Erfahrungen der Gottesferne gehört das gesamte Erlebnisfeld aus Leid, Schmerz und Trauer. Nie fühlt sich der Mensch verlassener und einsamer, als wenn er mit ansehen muss, wie ein geliebter Mensch leidet und stirbt; nie stellt ein Mensch die Frage nach der Gerechtigkeit Gottes existenzieller, als wenn er selbst von Leid und Schmerz getroffen wird. Die alttestamentliche Erzählung von Hiob steht paradigmatisch für dieses Er-

lebnisfeld und wiederholt sich in dem »Warum hast Du mich verlassen?« (Mt 27,46) des sterbenden Jesus am Kreuz. Nie ist der Mensch seinem Schöpfer näher und zugleich ferner als in Sterben und Tod. Gelingt es, das Kreuz als verdichtete Weise zu begreifen, den verborgenen Gott zur Sprache und ins Erleben zu bringen, gelingt es auch, dieser Erfahrung der Gottesferne die der Zugewandtheit Gottes an die Seite zu stellen. So kann Hiob mitten in seinem Elend sagen: »Ich weiß, dass mein Erlöser lebt.« (Hiob 19,25) Und Jesus am Kreuz kann seinen Geist in die Hände des Gottes befehlen (Lk 23,46), von dem er sich verlassen wähnt.

Das Kreuz wird dann zu einem Zeichen dafür, dass Schmerz, Leid, Trauer zwar nicht aufgehoben werden, aber auch nicht für sich bleiben und darin übermächtig werden. Ihnen wird das Andere zur Seite gestellt. Der Blick auf das Kreuz zeigt, dass ein anderer eben die Erfahrung schon gemacht hat, der jeder Mensch ausgesetzt ist. Mindestens ist dieser Jesus am Kreuz dann im Leiden und Sterben mit dem Menschen solidarisch. Der Einzelne ist mit seinem ganz persönlich und nur persönlich zu erfahrenden Kreuz nicht allein – dafür steht das Kreuz. Und mehr noch: Im Kreuz Gott gerade dann als den Zugewandten zu erfahren, wenn er scheinbar abgewandt ist, birgt eine ungeheure seelsorgerliche Kraft, die durch nichts anderes in der Seelsorge an Kranken und Sterbenden etwa sowie in der Trauerarbeit ersetzt werden kann, weil keine andere therapeutische Form so sehr die Anfechtung, den Zweifel, die Schwäche ernst nimmt.

Besonders eindrücklich verdeutlicht dies auf einer bestimmten Ebene Ulrich Bach, wenn er aus diakonischer und aus der Perspektive des Gehandicapten schreibt: »[Es ist so], daß Kreuzes-Theologie keine graue, bedrückte und bedrückende Theologie ist. Kreuzes-Theologie läßt den Menschen nicht vor die Hunde gehen, sondern zu Gott kommen. Kreuzes-Theologie ist Theologie der Befreiung: Gott reißt Grenzen und Zäune und Vorhänge ein; Gott zerbricht, was uns knechtet. [...] Gott ist der Hilfsbedürftige. [...] Jesus braucht auch selber Hilfe. Jesus macht sich unüberbietbar solidarisch mit allen Hilfsbedürftigen. Er ist nicht freundlich zu ihnen. Er ist wie sie. Er ist einer von ihnen.«[121] Und später: »Kranke und Behinderte den größten Schatz der Kirche zu nennen [...], kann eine hehre Metapher sein. Es kann aber auch ein Satz mit ungeheurer, mit unbequemer Brisanz sein: Wozu bin ich bereit? Bin ich bereit, das Kreuz zu küssen, wenn der Gekreuzigte mir in einem sehr belasteten Mit-Menschen begegnet?«[122] Und er pointiert: »Eine an Luthers Schriften geschulte, am Neuen Testament ausgerichtete theologia crucis ist die ›eben-erdigste‹ Theologie (um nicht zu sagen: Weltanschauung), die ich mir zur Zeit denken kann.«[123]

Es ginge dann eben gerade nicht darum, den auf vielen Ebenen Angefochtenen, den Zweifelnden, den Schwachen aus diesem Zustand herauszuholen, sondern ihn dort wahrzunehmen, wo er ist, und als solchen wahrzunehmen, der er ist, und mit ihm genau dort zu sein. Das Kreuz legt keinerlei Deckmantel auf die immer hervorleuchtende Fratze des Bösen, sondern es macht es zunächst einmal offenbar. Es zerrt das Böse und alle seine Spießgesellen an die Oberfläche und zeigt sie offen und klar. Es zeigt auch den Menschen selbst in seinem ganzen Unheil.[124] Es lässt das Schandmal des Kreuzes ein Schandmal sein und bleiben und rückt erst einmal gar nichts zurecht. Aber es zeigt zugleich Einen, der dieses Kreuz tragen kann, bis ans Ende. Luther hat in unvergleichlicher Weise der Anfechtung einen Raum in der Theologie gegeben, indem er sie neben Gebet und intensivem Nachdenken zum Merkmal einer rechten Theologie gemacht hat.[125] Er hat in der Theologie des Kreuzes aber zugleich einen Weg aufgezeigt, mit dem diese Anfechtung auszuhalten und zu gestalten ist.

Daran schließt sich nun zugleich aber eine noch weitere Dimension an. Denn dann wäre das Kreuz aus der Theologie darum nicht hinweg zu nehmen,

4.5 … weil es die tödliche Spirale der Gewalt durchbricht

Die Theologiegeschichte hat leidvoll gezeigt, wie das Kreuz missbraucht wurde, um Gewalt und leid- und todbringende Macht zu demonstrieren. Die Anfragen vor allem auch aus der feministischen Theologie[126] verdeutlichen, zu welch abstrusen Deutungen verschiedene »Kreuzestheologien« geführt haben und wie der Gewaltakt, den ein Vater seinem Sohn angetan hat, dafür herhalten muss, Unterdrückung, Leiden, Hass und Gewalt zu legitimieren. Welche Irrwege dies gewesen (und zum Teil noch) sind, muss kaum eigens gesagt werden. Das Kreuzesgeschehen jedenfalls wird darin ad absurdum geführt. Jenseits aller soteriologischen Deutungsmuster des Kreuzes, die mit ihm die Erlösung des Menschen verbinden, muss doch zunächst festgehalten werden, dass hier eben gerade nicht ein göttlicher Gewaltakt stattfindet, sondern dass der, der mit göttlichen Attributen ausgestattet ist, wie schon in der Versuchungsgeschichte (Mt 4,1–11 parr) darauf verzichtet, seine Möglichkeiten auszunutzen und gegen die Bedränger, Ankläger und Vollstrecker einzusetzen. Damit wird das klassische Muster des »Gewalt provoziert Gegengewalt« durchbrochen. Umgekehrt wird damit aber nicht einer Opferhaltung das Wort geredet, die widerstandslos hinzunehmen hätte, was geschieht, und Leid zu tragen hätte, möglichst noch spirituell aufgeladen im Sinne einer Imitationsfrömmigkeit. Damit diese interpretatorischen Missgriffe keinen Raum gewinnen können, ist es dann allerdings doch nötig, das Kreuzesgeschehen nicht allein als innerweltlichen Akt, sondern in seiner eschatologischen Dimension zu verstehen und eben darum daran zu erinnern; dem Kreuz in dieser Weise nachzudenken, wäre notwendig,

4.6 ... weil das Kreuz durch das Gericht trägt

Zugegebenermaßen mögen heutzutage die Fragen nach dem Jüngsten Gericht und dem Bestehen im Gericht nicht mehr, jedenfalls nicht mehr häufig gestellt werden; die Vorstellungen davon gehören zu einer längst vergangenen Zeit und zu Personen, denen gerne schon einmal vorgeworfen wird, sie hätten die Aufklärung verschlafen. Es gibt allerdings andere Fragen, die sehr wohl Ähnlichkeiten mit dem haben, was Menschen auch am »Gericht« interessiert hatte: Fragen nach Letztbegründungen und ebenso nach Letzturteilen. Die sind alles andere als voraufklärerisch, die sind im Gegenteil sehr aktuell.

Das Ernstnehmen des verborgenen Gottes im Kreuz kann davor bewahren, in dem, was man sich selber sagen kann, das Erste und das Letzte zu erblicken. Nicht das, was man selbst wahrnimmt, urteilt, empfindet, erfährt, ist das Letzte, sondern das, was darunter verborgen ist. Theologisch wäre jetzt von dem »außerhalb unserer selbst«, dem »extra nos« zu reden. In diesem extra nos ist ausgedrückt, dass die Wahrheit etwas ist, was sich außerhalb des menschlichen Verstehens und Wollens ereignet, und es ereignet sich zugleich »pro me«, also »für mich«. Gerade weil es außerhalb des menschlichen Verstehens und Wollens liegt, kann es diese unbedingte Zugewandtheit haben. Es ist Ausdruck der Zusage Gottes, der promissio. Die trägt durch das Leben, aber eben auch und vor allem durch das Gericht. Wenn die Gnade Gottes gilt und etwas ist, dem der Mensch vertrauen kann – warum sollte sie dann ausgerechnet im Gericht versagen? Die Zusage Gottes, seinen auf seine Geschöpfe gerichteten Lebenswillen und seine Treue zu dieser seiner Schöpfung niemals zurückzunehmen oder aufzukündigen, nimmt dem Gericht nicht die Schärfe, aber die Gnadenlosigkeit. Dass Gott mit dem Menschen ins Gericht geht, wäre dann in der doppelten Bedeutung des Wortes zu verstehen und würde sowohl den richtenden als auch den gnädigen Gott beim Wort nehmen. Dass der Mensch ihn aber bei diesem Wort nehmen darf, dafür steht wiederum das Kreuz, das dem Ende durch den Tod nichts von seiner Schärfe nimmt, aber von seiner Endgültigkeit. Denn das Wort des Lebens durchbricht das Kreuz. Das Kreuz dimensioniert das gesamte Leben mit seinen Fragen nach den Letztbegründungen und den Letzturteilen; es beantwortet sie vielleicht nicht für alle verständlich und nachvollziehbar; aber es zeigt auf, dass es Antworten gibt, die außerhalb der Möglichkeiten des Menschen, zu verstehen und zu wollen, liegen. Der Mensch kann sich nicht selbst machen, er kann sich nicht selbst beschützen, er kann sich nicht selbst erlösen und zum Heil bringen. Das Kreuz bewahrt ihn vor dem tödlichen Selbstversuch, es doch zu wollen, und durchbricht seine Schemata von Lohn und Strafe, von Wollen und Erreichen, von Anstrengung und Gelingen.

Daher ist unbedingt vom Kreuz zu reden,

4.7 … weil das Kreuz das Leben erschließt

Das Letzte weist in das Vorletzte zurück. Die Frage nach den Letztbegründungen führt zur Frage nach dem Grund, die nach den Letzturteilen nach dem Wort, das ins Leben ruft und am Ende das Leben vollendet. Die Frage nach dem, was nach dem Tod kommt, weist zurück auf die Frage, was vor dem Tod kommt. Das Interesse an den Fragen dieses Lebens, das Interesse an den Fragen nach dem richtigen Verhalten und rechten Handeln, das Interesse, wie dieses Leben gestaltet werden soll und kann, das Interesse an dem, was der

Mensch selbst in der Hand hat und wofür er Verantwortung trägt, ist heutzutage sicher größer als das Interesse am Jenseitigen und Unverfügbaren. Lange wurden (und werden zum Teil immer noch) Theologie und Kirche über ihre Rolle in ethischen Diskursen wahrgenommen und definiert. Kirche und Theologie wurden und werden dann gefragt, wenn es um Sterbehilfe, Friedenseinsätze der Bundeswehr oder Umgang mit Migration und Inklusion geht. Die dogmatischen Grundsätze solcher ethischen Überlegungen gelangen dabei weniger ans Licht der Öffentlichkeit und werden von dieser Öffentlichkeit auch nicht wirklich verfolgt oder zur Kenntnis genommen. Schon für Luther aber stand fest, dass jedes gute Werk dem Glauben entspringe, oder es ist kein gutes Werk. Im »Sermon von den guten Werken«, der chronologisch ersten, aber gerne vernachlässigten vierten Hauptschrift von 1520, entwickelt Luther aus der vertikalen Beziehung zwischen Gott und Mensch, die sich in den ersten drei Geboten spiegelt, die Bedingungen des Funktionierens der horizontalen Ebene der Beziehung zwischen Mensch und Mitmensch. Dreh- oder Knotenpunkt ist das vierte, das Elterngebot, weil dort einerseits das zum Ausdruck kommt, worin diese Beziehung gründet, nämlich in der Fürsorge der Eltern und dem Gehorsam der Kinder, und andererseits das, was eben nicht mehr auf der Ebene von Gott und Mensch seinen Ort hat, sondern auf der zwischenmenschlichen. Hier kippt sozuagen das vertikale Beziehungsgefüge ins horizontale um. Das Linear-Vertikale bekommt eine weitere Dimension durch das Horizontale. Bildlich betrachtet entsteht so ein Kreuz. Im Kreuz wird mithin bildlich aufgeschlossen, dass das Leben des Menschen in zwei Beziehungs- und Kommunikationsebenen konstituiert ist. Macht ihn die vertikale Ebene zu einem bejahten und behüteten Geschöpf, das seine Würde aus eben dieser Bejahung und Behütung schöpft, so macht ihn die horizontale Ebene zu einem Mitgeschöpf, das verantwortlich diese Bejahung und Behütung nunmehr seinen Mitgeschöpfen angedeihen lassen soll. Daraus resultieren elementare Formen der Seelsorge und der Diakonie sowie des politischen und gesellschaftlichen Auftrags christlichen Lebens. Die Ethik, die heute von größerer Bedeutung zu sein scheint als ihre Begründung, erhält nun aber genau diese von dem her, was sie trägt und hält und ihre Richtung bestimmt. Eine Ethik ohne sie begründenden Gottesbezug hat durchaus auch ihren Wert – man müsste aber – modern gesprochen – über ihre Halbwertzeit und ihre Nachhaltigkeit nachdenken. Eine theologische Ethik jedenfalls kann nicht ohne diese vertikale Dimension sein, ohne fundamentalen Schaden zu nehmen.

Das meint zunächst, dass überhaupt so etwas wie ein Ethos, also das Bewusstsein von moralischer Verantwortung und das Nachdenken über deren Gestalt, nur in rechter Weise existiert, wenn es sich aus dem Wahrnehmen des Lebenswillens Gottes erschließt. Das bedeutet zweitens, dass die Gestalt, die dem Ethos gegeben wird, geschichtlich ist, insofern sie die konkreten geschichtlichen Erfordernisse und Herausforderungen im Blick haben muss und nur aus diesen heraus zu einem hilfreichen Handeln kommen kann. Insofern sie nun geschichtlich ist, ist sie auch bedingt und Wandlungen unterworfen – es gibt außer dem Grundsatz, Leben zu erhalten, zu schützen und zu fördern, nicht viel mehr »Grundsätzliches«, was nicht angesichts aktueller Herausforderungen zu überdenken und zu reformulieren wäre. Schließlich kann konkretes Handeln wiederum nur gelingen, wenn es im Bewusstsein geschieht, dass man Schuld auf sich nimmt, dass man diese Schuld bekennen muss und dass man auf Vergebung hoffen darf. Es gibt – entgegen aller Erwartungen an »Ethik« – keine Anweisungen, die ein für allemal Gültigkeit beanspruchen können, und keine Möglichkeit, »gut« und »böse« in absoluter Weise zu erkennen. Das zeichnet protestantische Ethik aus und nimmt hinein in das tiefe Verständnis von Sünde und Gnade. Genau dies aber zeigt das Kreuz: Die Sünde des Menschen wird durch das Kreuz buchstäblich durchkreuzt, und zwar mitten darin und nicht abseits von Sünde oder über sie hinweggehend.

Schließlich muss noch ein weiteres Moment Erwähnung finden. All dies eröffnet einen neuen und befreiten Blick auf dieses Leben. Das Kreuz stand lange Pate für ein dem Leiden ergebenes, unfrohes Christentum, das dem diesseitigen Leben den Stempel des notwendigen Leidens aufdrückte und permanent auf das Ende schauen ließ. Zur Kunst des Sterbens, der ars moriendi, gehörte ein asketisches, strenges, moralisch vermeintlich einwandfreies Leben vor dem Tod, das eine Möglichkeit zu bieten schien, dem Tod gelassener entgegensehen zu können. Tatsächlich aber lehrt das Kreuz einen anderen Blick auf dieses Leben und auf eine rechte Kunst des Lebens, eine ars vivendi. Da im Kreuz alles erfüllt ist, was der Mensch bei aller Strenge und Askese niemals erfüllen könnte, darf dieses Leben gelebt und als Gottes gute Schöpfung auch bejaht werden. In Verantwortung gegenüber dem Nächsten, natürlich. Aber doch mit Freude, Genuss und lächelnder Dankbarkeit, die weiß, dass Sünde, Tod und Teufel dem Menschen nichts mehr anhaben können.[127]

Unter anderem Ernst Käsemann hat es knapp, aber unvergleichlich scharf auf den Punkt gebracht: »Am Kreuz Jesu wird das erste Gebot aufgerichtet und erfüllt.«[128] Am Kreuz wird Ernst gemacht mit der Göttlichkeit Gottes, der zusagt, dass er ist, der er ist, bevor er irgendetwas fordert. Es gibt keine ernstere und aufrichtigere Anerkenntnis dieser Göttlichkeit Gottes als das Kreuz. Weil das so ist, kommt dieses Leben als dieses Leben zu seinem Recht.

Dass der Mensch genau in diesem Sinn als Geschöpf aus Fleisch und Geist, Seele und Leib in den Blick kommt, verdeutlicht Luther in seinem Freiheitstraktat. Dieses Zugleich scheinbar widerstreitender Attribute hat sein Vorbild in Jesus Christus selbst. So gewinnt das Kreuz erneut eine zentrale Stellung, es ist unbedingt von ihm zu reden,

4.8 ... weil das Kreuz Jesus Christus als wahren Menschen und wahren Gott offenbart

In der kirchenhistorischen Hinführung ist klar geworden: Die Hochschätzung des Kreuzes und dessen theologische Aufladung geht nicht zufällig einher mit der Konstantinischen Wende und dem danach einsetzenden Ringen um die trinitarische und die christologische Formel. Gerade letztere Debatte gründete in dem Bemühen, den Menschen Jesus von Nazareth und den Jesus, der als Christus über göttliche Attribute verfügt, so in ein sprachlich zu vermittelndes Verhältnis zu bringen, dass beide Naturen zu ihrem vollen Recht kommen und das »für uns«, also das Erlösungsmoment seinen unzweifelhaften Ausdruck erhält. Im Kreuz nun kommen menschliche Ohnmacht und göttliche Macht, menschliches Verzweifeln und göttliche Stärke, menschlicher Verfall und göttliche Herrlichkeit, menschlicher Tod und göttliches Leben auf unüberbietbare Weise zusammen. Wie in der Geburtsgeschichte werden menschliche Niedrigkeit und göttliche Hoheit nur in Absehung von allem Vordergründigen und allem Wunschdenken, allem Vernunftgemäßen und allem Angenehmen wirklich und in der Tiefe erkennbar. Im Kreuz nun aber noch einmal tiefer und gründlicher, weil es in der Umwelt der neutestamentlichen Zeugnisse sehr wohl ähnliche Geburtsgeschichten gibt; und es gibt auch Auferstehungs- und Himmelfahrtsgeschichten, die Analogien aufweisen. Aber gibt es eine solche, vergleichbare Geschichte vom Tod? Vom Sterben? Von Ohnmacht? Von Zweifel und Klage eines – Gottes? Dass es gerade dieser Moment ist, dem Paulus Erlösungscharakter zuspricht und in dem er die Weisheit des Glaubens erblickt, ist singulär. Das Intimste eines Menschen – sein Tod – wird zum öffentlichsten Beweis der Macht Gottes, doch ist der unter dem scheinbaren Gegenteil verborgen. Unter der menschlichen Natur des Jesus von Nazareth ist Gott selbst in seiner Wirkmacht verborgen – aber umgekehrt gilt auch, dass im Göttlichen Gottes seine Zugewandtheit zum Menschen verborgen ist und damit sein unumkehrbarer Weg zum Menschen.

Das führt zum vorläufig letzten Schritt. Demnach wäre eine Theologie ohne Kreuz eine Theologie ohne Rückgrat,

4.9 ... weil das Kreuz mit der Gnade ernst macht

Keine Frage: Das Kreuz ist und bleibt ein Anstoß, ein Ärgernis, eine Torheit. Im Letzten verschließt es sich dem Verstand, weil der Verstand nur vor die Stirne sieht; er will den verborgenen Gott nicht verborgen lassen, und im Bemühen, das Unsichtbare sichtbar zu machen, übersieht er das Offensichtliche. Vor allem übersieht er, dass es – wie Luther in der Heidelberger Disputation unvergleichlich zum Ausdruck bringt – die dem Menschen abgewandte Seite Gottes ist, die sich in Wahrheit dem suchenden, fragenden, angefochtenen Menschen zuwendet.

Würden die Götter einen Wettkampf um die Gunst des Menschen austragen, hätte der Gott, der sich dem Menschen immer wieder zuwendet, gegen alle menschliche Erfahrung und Gewohnheit, wohl kaum eine Chance auf den Sieg. Wer würde einen Gott wählen, der ans Kreuz geht und stirbt, der leidet und hadert, der ohnmächtig ist und alles aus der Hand gibt, was ihn zum Sieger über alle machen würde? Jesus Christus ist nicht der Held, der – wie in anderen Geschichten – im allerletzten Moment doch noch die Wende herbeiführt und alles zu einem Happy End zusammenführt. Jesus Christus stirbt. Er ist tot. Und dass darin alles beschlossen ist und durch nichts übertroffen werden kann, kann kein Mensch als Weisheit oder harmonisches, Wohlgefühl auslösendes Gottesbild begreifen. Er braucht die Korrektur der Auferstehung. Die Theologie der Herrlichkeit. Doch diese Korrektur ist – wenn sie als Korrektur verstanden wird – eine schreckliche Täuschung und deshalb am Ende eine Enttäuschung. Denn nicht durch die Auferstehung geschieht Erlösung, sondern durch das Kreuz. Es geht für den Menschen erst in einem zweiten Schritt um das ewige Leben. Im ersten geht es darum, dieses Leben zu bewältigen. Dass ihm dies gelingen kann, verdankt er allein dem Kreuz. Im Kreuz kommt die Gnade an ihren unüberbietbaren Höhepunkt. Um es einmal plakativ auszudrücken: Mehr Gnade geht nicht. Das gilt es liturgisch und seelsorgerlich fruchtbar zu machen, das gilt es zu lehren und zu leben. Dass Jesus für uns stirbt – an unserer Stelle, zu unserer Lösung, zur Ermöglichung der Teilhabe an seinem Sterben und Auferstehen, für unsere Sünden (in einem finalen Sinn) –, macht ihn zu dem Christus, dem wir zugehören und der darum als der Herr zu bekennen ist. Hier, im Kreuz, bricht die Wahrheit des gnädigen Gottes in die Wirklichkeit der sündigen Welt ein und rammt das göttliche Ja in den satanischen Schlund, aus dem nichts als ein ewiges Nein zu hören ist.[129]

5. Kreuz-Theologie – Eine kurze Summe

Schon Paulus war es klar: Das Wort vom Kreuz ist eine Torheit und ein Ärgernis. Jede Deutung des Kreuzes muss letztendlich scheitern und sich mit Metaphern, Bildern[130] begnügen, um einigermaßen zu verstehen, was das Kreuz meinen könnte. Würden Theologie und Kirche in der Tiefe erkennen können und auf je eigene Weise zum Ausdruck bringen, dass es sich um Metaphern handelt, wäre schon viel gewonnen. Denn dann ließe sich zumindest teilweise vermeiden, dass Positionen und Gegenpositionen sich als jeweils »das« Deutungsmodell verstehen und sich vom begrenzten Verständnis eines bestimmten Aspekts, das dann zum Missverständnis wird, nähren.[131]

Die Kirchengeschichte ist voll von Belegen dafür, und gerade dort, wo Menschen versucht haben, das Wort vom Kreuz so zurechtzubringen, dass es nicht als Ärgernis und Torheit erscheint, wo es mit positiven und in welcher Hinsicht auch immer heilbringenden Attributen versehen wurde, Wege beschritten worden sind, die vom Eigentlichen des Kreuzes ablenken. Ein »Systemfehler« scheint unter anderem darin zu liegen, das Wort vom Kreuz dogmatisch zu denken und zu lehren. Dagegen plädiert Notger Slenczka dafür: »Dass die christliche Soteriologie über die Jahrhunderte hinweg und in gleichzeitigen differenten Kontexten vielfältig ist, ist, so muss man sagen, kein bedauerliches und sinnwidriges Faktum, das eigentlich abzustellen wäre, sondern dies Faktum ist unvermeidbar und positiv zu werten. Denn es ist der Hinweis auf eine unverzichtbare hermeneutische Aufgabe: das Kreuz Christi so auszulegen, dass darin ein *jeweils gegenwärtiges* vorthematisches Selbstverständnis sich zur Sprache und damit zu ausdrücklichem Verständnis gebracht findet und zugleich in einer Weise durch das Kreuz bestimmt findet, die den Namen ›Erlösung‹ verdient.«[132]

Luther hat wie kein Anderer erkannt, worin dieses Eigentliche und Wesentliche liegt. Er hat das Kreuz nicht so verstanden, dass es Böses abwehrt – jedenfalls nicht in einem oberflächlichen Sinn. Er hat es nicht als Motiv gesehen, das Leiden schönzureden und zu legitimieren. Er hat es nicht zum Vorbild verzerrt, dem nachzueifern ist. Er hat nicht den Opfergedanken in den Vordergrund gerückt, schon gar nicht in dem völlig verfälschenden Sinn, die Menschen hätten ein Opfer darbringen müssen, um Gott zu versöhnen; sondern er hat verdeutlicht, dass nur Gott sich mit dem Menschen versöhnen kann; sonst wird niemals Versöhnung geschehen. Von einem Sühnopfer zu reden, kann daher nur bedeuten, dass Gott sich selbst in die Niedrigkeit des Todes begeben hat, um die Versöhnung, zu deren Zweck er Jesus gesandt und als den Christus offenbart hat, zu ihrer für alle Menschen erfahrbaren Vollendung kommen zu lassen.[133] »Denn das in Jesus Christus ein für allemal geschehene Sühnopfer (sacrifice) wirkt nicht durch das pure Faktum seiner Hinrichtung (also automatisch oder mechanisch) als Heilsereignis, sondern erst dadurch, dass es als solches verkündigt und geglaubt wird.«[134] Um alle Missverständnisse zu vermeiden, sollte man zukünftig vielleicht statt vom »Sühnopfer« besser von dem Jesus Christus reden, der als der Gekreuzigte zum Opfer der Sünde wurde und darin die Radikalität der Sünde einerseits und die Radikalität der Gnade Gottes andererseits aller Welt sichtbar machte, die in der scheinbaren Abgewandtheit Gottes auf seine Zugewandtheit vertrauen kann. Denn auch dies ist zu beachten: »Die Rede vom Opfertod Jesu bringt besser als andere Deutekategorien zum Ausdruck, daß Gottes Liebe zu uns keine ihm äußerliche, akzidentielle Eigenschaft, sondern wirkliche Selbsthingabe ist. [...] Indem Gott in Christus das Todesverhängnis des Menschen ganz durchschritten hat, ist der Tod kein Ort der Gottesferne mehr, er ist es nicht mehr für den Glaubenden, der in das Leben des auferweckten Gekreuzigten hineingenommen wird. Die Rede vom Opfer ist diejenige Deutekategorie des Todes Jesu, die bis an diesen Punkt vorzustoßen vermag, wo das Leben in der Gestalt der Liebe Gottes endgültig und unwiderruflich über den Tod siegt, weil er sich selbst ganz in den Tod hinein hinzugeben vermochte, ohne sich in diesem zu verlieren.«[135]

Luthers Kreuzestheologie hält vielen neuzeitlichen Anfragen stand. Dazu sei noch einmal Klaus-Peter Jörns zitiert: »Indem die Kirche aus Jesu elendem Sterben am Kreuz ein von Gott gewolltes Sühnopfer für die Sünden der Menschen gemacht hat, ist sie wieder zurück zum Anfang der Opfergeschichte gegangen: zum Menschenopfer.«[136] Jörns verkennt, dass die Theologie es gar nicht nötig hat, das Kreuz als Sühnopfer zu interpretieren und eine neue Opfergeschichte zu installieren. Wo sie es in ihrer Geschichte getan hat, ist sie unnötige und sicher auch schädliche Irrwege gegangen. Doch muss man mit dem Abschied vom Irrweg nicht auch den Weg selbst verlassen. Es wird mit der Glaubwürdigkeit des Christentums argumentiert.[137] Aber hängt die Glaubwürdigkeit damit zusammen, dass sie sich an des Menschen Verstand und positives Empfinden anlehnt? Was bleibt dann von Ärgernis und Torheit? Die neuere protestantische Theologiegeschichte ist eine Geschichte der Dekonstruktionen. Sie hat viele Glaubenssätze als geschichtlich gewordene und bedingte entlarvt und versucht, hinter diese menschlichen Konstrukte und »Erfindungen« zurückzugehen. Inzwischen ist sie vielleicht an einem Punkt angelangt, an dem sich alles Dogmatische endgültig verflüssigt, denn eine Theologie, die sich nicht auch verkündigend, also kerygmatisch versteht, und sich am Faktischen allein orientiert, ohne sich zugleich nach der Wahrheit auszustrecken – eine solche Theologie braucht kein Dogma mehr, im Gegenteil. Mag sein, dass sie es geschafft hat, alle menschliche Konstruktion hinter sich zu lassen – aber kann sie noch Orientierung geben, wenn alles dekonstruiert ist? Kann sie noch vom »Trost im Leben und im Sterben« reden, wie dies der Heidelberger Katechismus getan hat? Kann sie mit den Menschen noch die tiefsten und letzten Fragen stellen und sich mit ihnen gemeinsam auf die Suche nach – immer nur vorläufigen – Antworten machen? Das Kreuz selbst ist das deutlichste Zeichen dafür, dass in der Tat manches menschliche Konstrukt zu entlarven ist – dass man aber nicht bei der Dekonstruktion stehen bleiben darf, sondern dass es *eine* Wissenschaft und Praxis geben muss, die aus dem, was wir als Evangelium erfahren und so nennen, lebt und dies weitergibt an alle, die dieses Evangelium der Zugewandtheit brauchen: die Theologie, die nur als theologia crucis »Theologie« ist.

»Nimm Christus aus den Schriften – was weiter wirst Du in ihnen finden?«,[138] fragt Luther Erasmus in »De servo arbitrio«. Genauso könnte dort stehen: »Nimm das Kreuz aus den Schriften – was weiter wirst Du in ihnen finden?« Denn das Kreuz ist der Kulminationspunkt des Seins und Wirkens Jesu Christi. Weil hier die Zugewandtheit Gottes zum Menschen ihren tiefsten Ausdruck findet. Wer mit Luther buchstäblich um das Kreuz herumgeht und auch an dessen Rückseite diese Zugewandtheit entdeckt, der geht wirklich und wahrhaftig mit dem Kreuz um, der hat wirklich und wahrhaftig »Umgang« mit dem Kreuz. Das Christentum verlöre erst recht seine Glaubwürdigkeit, würden das Kreuz und damit die Mitte des Evangeliums herausgenommen. Ernst Käsemann hat formuliert: »Das Merkmal, das jedoch seine Herrschaft von der anderer Religionsstifter unterscheidet, ist zweifellos allein das Kreuz. Wenn Theologie unverwechselbare Aussagen über Jesus geben soll, müssen alle ihre Feststellungen auf das Kreuz bezogen werden. Genauso bleibt Nachfolge unverwechselbar nur als Jüngerschaft des Gekreuzigten. Das Kreuz ist Grund und Maß der Christologie.«[139]

Das Kreuz hat dem Christenmenschen in der Tat heilig zu sein. Nicht in einem apotropäischen oder magischen Sinn; nicht als selbstständig Wirkendes oder umgekehrt als bloßes Symbol.[140] Es darf auch nicht in einer formalen Hinsicht zum Prinzip werden.[141] Sondern es muss als das Moment im Christusgeschehen erfahren und immer wieder neu in gegenwärtige Herausforderungen ausgesagt werden, in dem die Gnade Gottes in aller Verborgenheit sichtbar wird für den, der glaubt, und der im Blick auf das Kreuz Vertrauen fassen kann, dass in diesem gekreuzigten Jesus Christus das Heil liegt. Und nirgends sonst.

Anmerkungen

1 Es ist wichtig, sich die Grausamkeit gerade dieser Todesart vor Augen zu führen. Vgl. dazu unter anderem Kuhn, Heinz Wolfgang: Die Kreuzesstrafe während der frühen Kaiserzeit. Ihre Wirklichkeit und Wertung in der Umwelt des Urchristentums, in: Temporini, Hildegard/Haase, Wolfgang (Hg.): Aufstieg und Niedergang der römischen Welt, Band II, 25/1, Berlin, New York 1982, 648–793, bes. 751–755.

2 Viele weitere Fragen wirft der Grundlagentext der EKD »Für uns gestorben. Die Bedeutung von Leiden und Sterben Jesu Christi« (Gütersloh 2015) auf (insbesondere 159–186); ob die Antworten immer befriedigen, sei dahingestellt. Kritisch damit auseinandergesetzt hat sich etwa Theißen, Gerd: »Gestorben für uns«. Kritik eines kirchlichen Grundlagentextes, in: EvTh 76 (2016), 85–101. Im gleichen Heft eine interessante neuere Deutung von Zeindler, Matthias: Sühne für Gottes Zumutungen? Zu einer neueren Diskussion um den Opfertod Jesu, in: EvTh 76 (2016), 101–110.

3 Vgl. dazu in aller Kürze Tück, Jan-Heiner: Am Ort der Verlorenheit. Ein Zugang zur rettenden und erlösenden Kraft des Kreuzes, in: Striet, Magnus/ders. (Hg.): Erlösung auf Golgota? Der Opfertod Jesu im Streit der Interpretationen (theologie kontrovers), Freiburg i.Br. 2012, 33–58. Prominenter Vertreter dieser These ist etwa Jürgen Moltmann.

4 Davon zeugt etwa der Tagungsband »Das Kreuz mit dem Kreuz. Feministisch-theologische Anfragen an die Kreuzestheologie – Ansätze feministischer Christologie«, hg. von Eveline Valtlink (Hofgeismarer Protokolle 273), Masch. Ex., Hofgeismar 1990. Darin besonders scharf Strobel, Regula: Dahingegeben für unsere Schuld. Feministisch-theologische Bemerkungen zum Kreuz-Schuld-Sühne-Modell in der christlichen Tradition (29–51). Vgl. auch weiterhin Janssen, Claudia/Joswig, Benita (Hg.): Erinnern

und aufstehen – antworten auf Kreuzestheologien (Themen der Theologie – neu gesehen), Mainz 2000; aufschlussreich darin vor allem der Beitrag von Janssen, Claudia: Kreuzestheologie. Anfragen und Positionen in der aktuellen deutschsprachigen Diskussion, ebd. 13–28.

5 Notwendige Abschiede. Auf dem Weg zu einem glaubwürdigen Christentum, 5. Aufl. Gütersloh 2010.

6 Zu den Kriterien, die seiner Ansicht nach zu einem glaubwürdigen Christentum gehören, vgl. die 20 Thesen ebd. 344–350.

7 So der Titel des 8. Kapitels, ebd. 286–341.

8 Ebd. 286.

9 Ebd.

10 Vgl. dazu etwa die Beiträge in Hampel, Volker/Weth, Rudolf (Hg.): Für uns gestorben. Sühne – Opfer – Stellvertretung, Neukirchen-Vluyn 2012. Aus römisch-katholischer Perspektive hilfreich sind die Beiträge in Striet/Tück, a. a. O.

11 Eine gute Übersicht über die damalige Diskussion mit Textmaterial liefert Klappert, Berthold (Hg.): Um Kreuz und Auferstehung. Zur gegenwärtigen Auseinandersetzung in Theologie und Gemeinde, 3., durchges. Aufl. Wuppertal 1968. Weitere Einblicke in die damals aktuelle Diskussion liefert Bizer, Ernst/Goeters, Johann Friedrich Gerhard u. a. (Hg.): Das Kreuz Jesu Christi als Grund des Heils (Schriftenreihe des Theologischen Ausschusses der EKU), Gütersloh 1967.

12 Hoffmann, Martin: Studienbuch Martin Luther. Grundtexte und Deutungen, Leipzig 2014, 38. Auch Christian Danz hat in Aufnahme von Überlegungen Ulrich Barths (so etwa in: Die Dialektik des Offenbarungsgedankens. Luthers Theologia crucis [1997], in: ders.: Aufgeklärter Protestantismus, Tübingen 2004, 97–123] in seiner für Studierende konzipierten Theologie Luthers ein ganzes Kapitel der theologia crucis gewidmet [Einführung in die Theologie Martin Luthers [Theologie kompakt], Darmstadt 2013).

13 U. a. Alister McGrath (Luther's Theology of the Cross. Marin Luther's Theological Breakthrough, 2. Aufl. Oxford 2011) hat darauf hingewiesen, dass »Kreuzestheologie« kein erkenntnistheoretischer Begriff ist, sondern sich

aus der augustinischen Tradition, in der Luther steht, als Begriff der Frömmigkeitstheologie versteht. Das muss nicht notwendig eine Alternative sein, weist uns aber darauf hin, dass Luther darunter jedenfalls mehr versteht als nur eine Art des Denkens und wissenschaftlichen Eruierens.

14 Einen wunderbaren Einblick in die Christusdarstellungen durch die Jahrhunderte bis in die Gegenwart und die damit verbundenen theologischen und religiösen Vorstellungen bietet der Ausstellungskatalog »Ansichten Christi. Christusbilder von der Antike bis zum 20. Jahrhundert« (hg. von Roland Krischel, Giovanni Morello und Tobias Nagel, Köln 2005) zu der gleichnamigen Ausstellung im Kölner Wallraff-Richartz-Museum, die anlässlich des Weltjugendtages 2005 in Köln gezeigt wurde. Zur Geschichte des Kreuzes in der bildenden Kunst vgl. auch Baudler, Georg: Das Kreuz. Geschichte und Bedeutung, Düsseldorf 1997, hier bes. 266–344, sowie für die Ikonographie seit der Reformationszeit Thümmel, Hans Georg: Artikel »Kreuz VIII. Ikonographisch (Reformationszeit bis zur Gegenwart)«, in: TRE 19 (1990), 768–774.

15 Es wurde bereits darauf hingewiesen, dass diese Darstellung keinen eigenen Forschungsbeitrag darstellen will und daher auch auf die explizite Auseinandersetzung mit anderen Forschungsbeiträgen verzichten kann und will. Dass dennoch eine Beschäftigung damit im Hintergrund steht, ist selbstverständlich. Für Luthers Kreuzestheologie und ihre verschiedenen Deutungen sei daher an dieser Stelle wenigstens auf folgende Untersuchungen besonders hingewiesen: Bühler, Pierre: Kreuz und Eschatologie. Eine Auseinandersetzung mit der politischen Theologie, im Anschluß an Luthers theologia crucis (HUT 17), Tübingen 1981; Kim, Yong Joo: Crux sola est nostra theologia. Das Kreuz Christi als Schlüsselbegriff der Theologia crucis Luthers (EHS 863), Frankfurt a. M., Berlin u. a. 2008; Loewenich, Walther von: Luthers Theologia crucis, 6. Aufl. Bielefeld 1982 (1. Aufl. 1929); McGrath, Alister E., a. a. O. (der erst zum Schluss explizit auf die Kreuzestheologie genau eingeht); Wolff, Jens: Metapher und Kreuz. Studien zu Luthers Christusbild (HUT 47), Tübingen 2005. Kurze Einblicke gewährt Westhelle, Vitor: Artikel »Kreuz«, in: Leppin, Volker/Schneider-Ludorff, Gury (Hg.): Das Luther-Lexikon, Regensburg 2014, 370–372.

16 Vgl. etwa Härle, Wilfried: Das Kreuz Jesu Christi als Symbol des Heils, in: Knop, Julia/Nothelle-Wildfeuer, Ursula (Hg.): Kreuz-Zeichen. Zwischen Hoffnung, Unverständnis und Empörung, Ostfildern 2013, 169–187, hier: 169.

17 Einen guten Überblick liefert Frey, Jörg/Schröter, Jens (Hg.): Deutungen des Todes Jesu im Neuen Testament (utb), 2. durchges. Aufl. Tübingen 2012. Vgl. auch Kuhn, Heinz-Wolfgang: Artikel »Kreuz II. Neues Testament und frühe Kirche (bis vor Justin)«, in: TRE 19 (1990), 713–725.

18 Kuhn: Artikel »Kreuz II«, a. a. O. 720. Vgl. auch Käsemann, Ernst: Die Heilsbedeutung des Todes Jesu bei Paulus (1967), in: ders.: Paulinische Perspektiven Tübingen 1969, 60–107, hier: 106: »[Das Kreuz] darf nicht zu einem Ideal etwa der humilitas verflüchtigt werden, unter welches christliche Lebensführung gerückt werden kann. Man kann es nicht von Golgatha ablösen. Es ist der Grund der Kirche und das uns vorausgegebene Heil. Umgekehrt hat Paulus es nicht in der historischen Dimension belassen, weil es dann durch die folgenden Heilstatsachen überholt werden würde. Es bleibt für ihn, wie man heute sagt, eschatologisches Ereignis, weil Jesus der Gekreuzigte bleibt und nur als solcher Jesus bleibt.«

19 Vgl. im Folgenden Kuhn: Artikel »Kreuz II«, a. a. O., sowie Sister Murray, Charles: Artikel »Kreuz III. Alte Kirche«, in: TRE 19 (1990), 726–732, und Köpf, Ulrich: Artikel »Kreuz IV. Mittelalter«, in: TRE 19 (1990), 732–761.

20 Tertullian: De corona militis 3 (CSEL 70, 158/27–31). Vgl. dazu Dölger, Franz Joseph: Beiträge zur Geschichte des Kreuzzeichens I, in: JAC 1 (1958), 5–19. Dölger hat sich in den nächsten Jahrgängen des JAC (bis einschließlich Jg. 10, 1967) ausführlich weiterhin mit dem Kreuzeszeichen beschäftigt; die Beiträge ergänzen vieles hier Zusammengetragene.

21 Vgl. Köpf: Artikel »Kreuz IV«, a. a. O. 746f.

22 Tertullian: Adversus Marcionem III, 22 (CSEL 47, 415/24–416/5).

23 Justin der Märtyrer: 1. Apologie 55, (BKV 12, 69f.). Zur Deutung und auch zur anderen Verwendung bei Tertullian u. a. vgl. van Unnik, Willem Cornelis: Der Fluch des Gekreuzigten. Deuteronomium 21,23 in der Deutung Justinus des Märtyrers, in: Andresen, Carl/Klein, Günter (Hg.): Theologia crucis – signum crucis. FS für Erich Dinkler, Tübingen 1979, 483–499.

24 Justin der Märtyrer: Dialog mit dem Juden Tryphon 86 (BKV 33, 142–144).

25 So in Platons Dialog »Timaios«, 36bc, auf den Justin in der ersten Apologie im 60. Kapitel Bezug nimmt (vgl. BKV 12, 127).

26 Athanasius: De incarnatione verbi, 21–25 (BKV 31, 108–114). Vgl. dazu Armstrong, Gregory T.: The Cross in the Old Testament. According to Athanasius, Cyril of Jerusalem and the Cappadocian Fathers, in: Andresen/Klein (Hg.): Theologia crucis – signum crucis, a. a. O. 19–38.

27 Athanasius: Contra gentes, 1, (BKV 31, 11f.).

28 Vgl. etwa Vita Constantini 1.27.1–1.39.3.

29 Ambrosius: De obitu Theodosii 43–49 (CSEL 73, 393/11–397/19).

30 So schreibt etwa Kyrill von Jerusalem in einem Brief an Konstantin: »Unter deinem gottgeliebtesten Vater Konstantin seligen Andenkens ist das heilbringende Holz des Kreuzes in Jerusalem gefunden worden.« (Epistula ad Constantium III [PG 33, 1167f.]). Ebenfalls schon Kyrill berichtet darüber, dass verschiedene Teile des Kreuzes in alle Welt verstreut wurden – der Beginn einer reichen Reliquienverehrung; und im Jahre 348: »Er ist für unsere Sünden wahrhaft gekreuzigt worden. Willst du es leugnen, so belehrt dich der Ort, den du siehst, dieser hl. Golgatha, auf dem wir jetzt um dessentwillen versammelt sind, der auf ihm gekreuzigt worden war. Mit dem Kreuzesholze ist nunmehr fast der ganze Erdkreis erfüllt.« (Cyrillus, Katechese an die Täuflinge IV, 10 [BKV 41, 67]).

31 Vgl. insbesondere die Canones 73 (»Weil uns das lebenspendende Kreuz das Heil gezeigt hat, durch das wir vom alten Sündenfall errettet wurden, sollen wir alle Sorgfalt aufwenden, ihm die gebührende Ehre zu erweisen. Deshalb bringen wir ihm mit dem Geist, dem Wort und den Sinnen Verehrung entgegen und ordnen an, daß die von einigen im Fußboden angebrachten Kreuzesabbildungen vollständig entfernt werden sollen, damit nicht das, was für uns ein Zeichen des Sieges ist, durch die Tritte der Darüberlaufenden mißachtet werde.« [FC 82, 264f.]) und 82 (»Auf manchen Abbildungen […] wird ein Lamm dargestellt. […] Damit nun das Vollkommene auch in den farbigen Bildnissen allen vor Augen gestellt wird, setzen wir fest, daß von jetzt an auch auf den Ikonen an Stelle des alten Lamms

das Lamm, das die Sünden der Welt hinwegnimmt, Christus unser Gott, mit menschlichen Zügen dargestellt wird.« [FC 82, 270–273]).

32 Diese Vorstellung war eingängiger als die Rede vom mystischen Leib, wie sie etwa Ratramnus und Hrabanus Maurus vertraten.

33 Anselm von Canterbury: Cur deus homo – Warum Gott Mensch geworden, lat.-dt. von Francisus Salesius Schmitt OSB, 4. Aufl. Darmstadt 1986, 143–153.

34 Bernhard von Clairvaux: Meditatio in passionem et resurrectionem Domini VI (PL 184, 751f.).

35 Vgl. Bernhard von Clairvaux: Sermones in cantica canticorum, Predigt LXI, besonders Abschnitt 4, in: Bernhard von Clairvaux: Sämtliche Werke lateinisch/deutsch, Bd. VI, hg. von Gerhard B. Winkler, Innsbruck 1995, 314–317.

36 Lateinische Fassung unter http://www.liturgialatina.org/pontificale/000.htm (aufgerufen am 19.02.2015). Vgl. dort auch weiter. Zu Kreuzsegnungen im Mittelalter allgemein vgl. Bärsch, Jürgen: Die Bedeutung des Kreuzes im Spiegel des mittelalterlichen Ritus der Kreuzsegnung. Zu Geschichte und Deutung einer Benediktionsliturgie im Mittelalter und ihrer Weiterentwicklung bis zum II. Vatikanum, in: Kreuzungen. Christliche Existenz im Diskurs. FS für Bischof Hubert Luthe zur Vollendung seines 75. Lebensjahres, hg. im Auftrag des Domkapitels zu Essen, Mühlheim a. d. R. 2002, 25–46.

37 Vgl. Köpf: Artikel »Kreuz IV«, a. a. O. 747f.

38 Vgl. »Vom dreifachen Weg« 3,5 (FChr 14, 150f.); vgl. ebd 3,4 (146–151).

39 Tauler, Johannes: Predigten Bd. II (Christliche Meister 3), übertragen und hg. von Georg Hofmann, 3. Aufl. Einsiedeln 1987, Predigt Nr. 59, 442f. [bei Vetter, Ferdinand (Hg.): Die Predigten Taulers (Deutsche Texte des Mittelalters XI), Dublin/Zürich 1968, Nr. 65, 353f.].

40 Tauler, Johannes: Predigten Bd. II, ebd. Predigt Nr. 61, 447f. [bei Vetter: Die Predigten Taulers, ebd. Nr. 47, 211].

41 Thomas von Kempen: Von der Nachfolge Christi II, 11f., in: Thomas von Kempen: De imitatione Christi/Nachfolge Christi und vier andere Schrif-

ten. Lateinisch und deutsch, hg., eingel. u. übers. Von Friedrich Eichler, München 1966, 167–175.
42 Vgl. »Vermahnung an die Geistlichen zu Augsburg«, WA 30/II, 350/10–14.
43 Vgl. aus der Adventspostille 1522 zu Lk 21,25 (WA 10/I–2, 104/20).
44 Vgl. WAT 5, Nr. 5577, 258/3.
45 Vgl. WA 4, 477/15–17.
46 Vgl. WA 3, 62/32–63/9.
47 WA 3, 176/7f.
48 »Die Flügel aber sind die Arme Christi, ausgespannt am Kreuz. Denn so, wie der Körper Christi am Kreuz Schatten spendet, so spendet er einen geistlichen Schatten in der Seele, nämlich das Vertrauen auf sein Kreuz, unter dem jeder Heilige Schutz erfährt.« (WA 3, 111/31–34, in eigener Übersetzung)
49 WA 3, 646/36f.
50 WA 3, 646/13.
51 WA 3, 646/14.
52 WA 3, 646/18f.
53 WA 4, 82/21.
54 Vgl. WA 4, 87/36f.
55 WA 1, 52/15–21.
56 So in »De servo arbitrio« (LStA I, 238/19–30).
57 WA 1, 101/19–21.
58 WA 1, 101/30f.
59 Vgl. WA 1, 124/3f.
60 Dazu ausführlich Bühler: Kreuz und Eschatologie, a. a. O. 79–91. Besonders wichtig sind in diesem Zusammenhang seine Beobachtungen zum fremden und eigenen Werk Gottes, das den Dualismus von Gott und Teufel auflöst zu einer Rede vom offenbaren und verborgenen Gott.
61 Vgl. WA 57, Teil 3, 79/10–80/11.
62 Vgl. WA 1, 613/3.
63 WA 1, 613/33–41 (in eigener Übersetzung).
64 Vgl. WA 1, 614/17–26.
65 WA 1, 290/38–291/1.

66 Vgl. im Folgenden unter anderem zur Mühlen, Karl-Heinz: Luthers Kritik am scholastischen Aristotelismus in der 25. These der »Heidelberger Disputation« von 1518, in: ders.: Reformatorisches Profil. Studien zum Weg Martin Luthers und der Reformation, hg. von Johannes Brosseder und Athina Lexutt, Göttingen 1995, 40–65, hier bes. 50–54; vor allem zum geschichtlichen Kontext Brecht, Martin: Martin Luther. Sein Weg zur Reformation 1483–1521, Stuttgart 1981, 208–211, sowie Leppin, Volker: Martin Luther (Gestalten des Mittelalters und der Renaissance), 2., durchges., bibliogr. aktualisierte und mit einem neuen Vorwort vers. Aufl. Darmstadt 2010, 126–135, und Plathow, Michael: Das »Wort vom Kreuz« und die Kreuzestheologien. Luthers »Heidelberger Disputation« (April 1518) fürs Heute neu bedacht (Theologische Orientierungen 21), Berlin 2015.

67 LStA 1, 41/10–12.

68 Disputation gegen die scholastische Theologie, Thesen 17 und 18: »Der Mensch kann von Natur aus nicht wollen, dass Gott Gott ist. Vielmehr will er selbst Gott sein und dass Gott nicht Gott ist.« (WA 1, 225/1f.)

69 LStA 1, 47/15–17: »Das freie Willensvermögen nach dem Sündenfall ist ein bloßer Name, und indem es tut, was in seinen Kräften steht, sündigt es tödlich.«

70 LStA 1, 49/22–24: »Der Mensch, der glaubt, er wolle dadurch zur Gnade gelangen, dass er tut, was in seinen Kräften steht, fügt Sünde zur Sünde hinzu, so dass er doppelt schuldig wird.«

71 LStA 1, 51/9–11.

72 LStA 1, 51/16–23.

73 LStA 1, 53/2–4.

74 LSta 1, 53/11–13.

75 LStA 1, 53/38–40.

76 LStA 1, 53/42.

77 LStA 1, 53/42–55/2.

78 LStA 1, 55/38–41.

79 Vgl. dazu auch Leppin: Luther, a. a. O. 130.

80 Vgl. Dieter, Theo: Der junge Luther und Aristoteles. Eine historisch-systematische Untersuchung zum Verhältnis von Theologie und Philosophie,

Berlin 2001. Im Scholion zu Rö 1,18 hatte Luther bereits formuliert, dass die Predigt des Kreuzes den Philosophen völlig gegen den Strich laufe und sie sie einfach nicht verstehen könnten, vgl. WA 56, 174/9f.

81 Im Nachhinein erscheint es fast als ein Streich der Geschichte, dass die Forschung Rechtfertigungserkenntnis und Kreuzestheologie in eine Alternative gebracht hat. Nachdem Walther von Loewenich die theologia crucis so prominent herausgestrichen hatte, entbrannte ein Streit darüber, ob Luther in der Heidelberger Disputation nicht noch ein mittelalterlicher Demutstheologe gewesen sei, der erst mit dem Durchbruch der Rechtfertigungserkenntnis (die etwa Ernst Bizer in »Fides ex auditu. Eine Untersuchung über die Entdeckung der Gerechtigkeit Gottes durch Martin Luther«, Neukirchen 1958, und Oswald Bayer in »Promissio. Geschichte der reformatorischen Wende in Luthers Theologie«, Darmstadt 1971, später ansetzen) der Reformator geworden sei. Die Debatten um die reformatorische Wende sollen hier wahrlich nicht erneut geführt werden; einen knappen, aber treffenden Überblick über die Forschung gibt etwa Kim: Crux sola est nostra theologia, a. a. O. 1–8. Alister McGrath formuliert pointiert: »Luther's doctrine of justification by faith and his theology of the cross are best understood as parallel outcomes from the same theological fountainhead.« (Luther's Theology of the Cross, a. a. O. 201)

82 Vgl. dazu die unvergleichlich tiefe und wichtige Definition des Glaubens aus WA.DB 7, 9/30–11/21: »Glaube aber ist ein göttliches Werk in uns, das uns wandelt und neu gebiert aus Gott. [...] Und es tötet den alten Adam, macht uns zu einem ganz anderen Menschen an Herz, Mut, Sinn und allen Kräften und bringt den Heiligen Geist mit sich. Oh, es ist ein lebendiges, wirkendes, tätiges, mächtiges Ding um den Glauben, sodass es unmöglich ist, dass er nicht ohne Unterlass Gutes wirken sollte. Er fragt auch nicht, ob gute Werke zu tun sind. Sondern ehe man fragt, hat er sie getan, und ist immer im Tun. Wer aber nicht solche Werke tut, der ist ein Mensch ohne Glauben, tappt und sieht um sich nach dem Glauben und guten Werken und weiß weder, was Glaube, noch, was gute Werke sind, und redet und schwätzt doch viele Worte vom Glauben und guten Werken. Glaube ist eine lebendige, unerschütterliche Zuversicht auf Gottes Gnade, so gewiss,

dass er tausendmal darüber stürbe. Und solche Zuversicht und Erkenntnis der göttlichen Gnade macht fröhlich und trotzig und Lust gegen Gott und alle Kreaturen, was der Heilige Geist tut im Glauben. Daher wird der Mensch ohne Zwang willig und hat Lust, jedermann Gutes zu tun, jedermann zu dienen, allerlei zu leiden – Gott zur Liebe und zum Lob, der ihm solche Gnade erzeigt hat.«

83 LStA 1, 61/7–9.

84 LStA 1, 52/27f und 53/33f.

85 So vor allem Leppin: Luther, a. a. O., 130f. Vgl. dazu aber auch die zwar länger zurückliegenden, nichtsdestoweniger bemerkenswerten Anfragen von Grane, Leif: Modus loquendi theologicus. Luthers Kampf um die Erneuerung der Theologie (1515–1518) (Acta theologica Danica 12), Leiden 1975, 146–151.

86 Kim (a. a. O. 19–24) führt dazu zunächst beispielhaft, später ausführlicher entsprechende Textausschnitte an, die auch hier erwähnt werden; diese belegen, dass Luther den Unterschied der in Wittenberg gelehrten Theologie zu anderen theologischen Entwürfen (scholastischer, humanistischer, mystischer Prägung) über diesen Begriff der theologia crucis definiert.

87 WA 2, 333/25–27. Vgl. dazu Weymann, Volker: »Das neue Lied als Lied vom Kreuz« (Martin Luther)?! Zur Musik als Lebensdimension evangelischer Kirche (Texte aus der VELKD 148), Hannover 2009.

88 WA 2, 140/6–15 (in neudeutscher Übertragung).

89 WA 2, 689/30–691/19.

90 Die »Operationes in Psalmos« sind Hauptgegenstand der Untersuchung von Blaumeiser, Hubertus: Luthers Kreuzestheologie. Schlüssel zu seiner Deutung von Mensch und Wirklichkeit. Eine Untersuchung anhand der Operationes in Psalmos (1519–1521) (KKTS 60), Paderborn 1995. Mit der Auslegung von Psalm 22 in den Operationes befasst sich ausführlich Wolff: Metapher und Kreuz, a. a. O.

91 Vgl. WA 5, 129/12f.

92 WA 5, 176/32f.

93 WA 5, 217/1–3.

94 WA 5, 216/37.

95 WA 5, 299/23.

96 WA 5, 300/12.

97 Vgl. zur Mühlen, a. a. O. 53, Anm. 62.

98 Vgl. WA 7, 54/31–56/14.

99 Slenczka, Notger: »Nondum considerasti quanti ponderis sit peccatum – Du hast noch nicht ermessen, welches Gewicht die Sünde hat«. Die Bedeutung des Kreuzes für das Selbstverständnis des Menschen, in: KuD 62 (2016), 160–182, hier 180f.; für seine Aussage bezieht er sich auf eine hier nicht besprochene Stelle aus der großen Galaterbriefvorlesung Luthers zu Gal 2,19.

100 WA 37, 354/21–30 (das Gemisch aus lateinischen und frühneuhochdeutschen Passagen wurde übersetzt und dem modernen Sprachgebrauch angepasst).

101 WA 37, 355/36–356/1.

102 WA 41, 640/25f.

103 WA 41, 640/32.

104 WA 52, 786/2–39. Luther nimmt sich der Frage, warum es ein so schändlicher Tod hat sein müssen, noch einmal besonders an (WA 52, 806/4–809/18). In diesem Kontext spricht er drastisch vom Sünd- und vom Schlachtopfer (nicht vom Sühnopfer), will aber damit erreichen, dem Menschen aufzuzeigen, wie schwer seine Sünde ist, dass so etwas geschehen muss. Die häufigen Erwähnungen des Osterlammes in der zwölften Predigt dienen dazu, den Juden aufzuzeigen, wie in der Erzählung vom Passahlamm Christus präfiguriert ist.

105 Vgl. etwa das Taufbüchlein im Kleinen Katechismus (BSELK 907/22–25, 909/1–3).

106 Vgl. im Kleinen Katechismus (BSELK 890/18f. und 892/2f.).

107 Brief an Lazarus Spengler, WA.B 5, Nr. 1628, 445/4–22 (in neudeutscher Übertragung).

108 Vgl. Bühler: Kreuz und Eschatologie, a. a. O. 74–77 u. ö. Damit geht er unter anderem weit über Asendorfs Betonung der Einheit von Kreuz und Auferstehung bei Luther hinaus (Asendorf, Ulrich: Gekreuzigt und Auferstan-

den. Luthers Herausforderung an die moderne Christologie, Hamburg 1971).

109 Es ist debattiert worden (und wird jüngst neu debattiert), ob und in welcher Weise Luther gerade in der Heidelberger Disputation noch von mystischen Elementen namentlich Tauler'scher Art beeinflusst war; vgl. dazu als früheren Beitrag Bornkamm, Heinrich: Die theologischen Thesen Luthers bei der Heidelberger Disputation 1518 und seine theologia crucis, in: ders.: Luther. Gestalt und Wirkungen. Gesammelte Aufsätze (SVRG 188), Gütersloh 1975, 130–146.

110 Vgl. BSELK 142/17.

111 Vgl. WA 24, 249/24–34.

112 »Das gewisse Kreuz legt er hier Abraham auf, das der Gefährte des Glaubens ist.« (WA 14, 221/36f.)

113 Loewenich: Theologia crucis, a. a. O. 18. Diese Art der Theologie fokussiert von Loewenich auf folgende Momente: »1. Theologia crucis steht als Offenbarungstheologie in scharfem Gegensatz zur Spekulation. 2. Offenbarung Gottes ist indirekte, verhüllte Offenbarung. 3. Offenbarung Gottes wird darum nicht in den ›Werken‹, sondern in den ›Leiden‹ erkannt, wobei der Doppelsinn dieser Ausdrücke zu beachten ist. 4. Diese Erkenntnis des in seiner Offenbarung verhüllten Gottes ist Sache des Glaubens. 5. Die Art der Gotteserkenntnis spiegelt sich wider in dem praktischen Leidensgedanken der theologia crucis.« (23)

114 Vgl. für das Folgende auch den knappen Überblick in »Für uns gestorben«, a. a. O. 92–110.

115 Korthaus, Michael: Kreuzestheologie. Geschichte und Gehalt eines Programmbegriffs in der evangelischen Theologie (BHTh 142), Tübingen 2007.

116 Hegel, Georg Wilhelm Friedrich: Glauben und Wissen oder Reflexionsphilosophie der Subjektivität in der Vollständigkeit ihrer Formen als Kantische, Jacobische und Fichtesche Philosophie/C. Fichtesche Philosophie, in: Werke in 20 Bänden, hg. von Eva Moldenhauer und Karl Markus Michel, Berlin 1986, hier Bd. 2, 431f.: »Der reine Begriff aber oder die Unendlichkeit als der Abgrund des Nichts, worin alles Sein versinkt, muß den unendlichen Schmerz, der vorher nur in der Bildung geschichtlich und als das Ge-

fühl war, worauf die Religion der neuen Zeit beruht – das Gefühl: Gott selbst ist tot […] – rein, als Moment, aber auch nicht als mehr denn als Moment der höchsten Idee bezeichnen und so dem, was etwa […] der Begriff formeller Abstraktion war, eine philosophische Existenz geben und also der Philosophie die Idee der absoluten Freiheit und damit das absolute Leiden oder den spekulativen Karfreitag, der sonst historisch war, und ihn selbst in der ganzen Wahrheit und Härte seiner Gottlosigkeit wiederherstellen, aus welcher Härte allein […] die höchste Totalität […] auferstehen kann und muß.« Vgl. dazu Thaidigsmann, Edgar: Identitätsverlangen und Widerspruch. Kreuzestheologie bei Luther, Hegel und Barth (Fundamentaltheologische Studien 8), München und Mainz 1983, 62–111.

117 Vgl. dazu ebd. 101: »Deutlich ist, daß Hegel mit der Anspielung auf das christologische Ereignis von Kreuz und Auferstehung das tragische Schicksal der Entzweiung so ins Absolute selbst aufnehmen möchte, daß sein Insein im Absoluten und damit seine Versöhnung gesichert wird, ohne ausgelöscht oder verdrängt zu sein. Das bedeutet aber für das christologische Ereignis von Kreuz und Auferstehung, daß sie nicht zunächst als das einmalige Ereignis Jesus Christus festgehalten werden. Vielmehr werden sie ins Allgemeine gewendet und so zu Chiffren für eine Grundstruktur der Wirklichkeit in ihrem wesentlichen Sein, die als solche im Absoluten versöhnend begriffen wird. Daher wird die Wissenschaft vom Absoluten Ontologie und Theologie in einem sein.«

118 Vgl. dazu unter anderem Asendorf: Gekreuzigt, a. a. O., Korthaus: Kreuzestheologie, a. a. O., sowie Thaidigsmann, a. a. O. Es sei zumindest darauf hingewiesen, dass in Karl Barth und Hans-Joachim Iwand zwei weitere Interpreten des Kreuzes begegnen, deren Ansätze so anregend wie problematisch sind – wie alle anderen auch. Vgl. dazu in aller Kürze Klappert, Berthold: Der Gott Israels im gekreuzigten Christus – Kontextuelle Kreuzestheologie in den Koordinaten von Gott, Mensch und Welt, in: Drubel, Stefan/Eberl, Klaus (Hg.): »Das Maß ist uns gegeben«. Die Theologie des Kreuzes als Maß protestantischen Denkens und Handelns. Symposium anlässlich des 5. Todestages von Präses Peter Beier, Neukirchen-Vluyn 2002, 47–86, hier bes. 57–66. Aktuellere Modelle bespricht Mühling, Matthias: Der Tod Christi als

Sühnopfer – Probleme und gegenwärtige Antworten der Forschung, in: KuD 62 (2016), 135–159, und er liefert auch ein eigenes, bedenkenswertes Modell.

119 Vgl. dazu neben dem Ausstellungskatalog »Ansichten Christi« (a.a.O.) auch Knieling, Reiner: Das Kreuz mit dem Kreuz. Sprache finden für das Unverständliche, Gütersloh 2016, hier bes. 34–38.

120 So Fleinert-Jensen, Flemming: Das Kreuz und die Einheit der Kirche. Skizzen zu einer Kreuzestheologie in ökumenischer Perspektive, Leipzig 1994, 10. Wieweit das Kreuz im interreligiösen Dialog Bedeutung hat, kann hier nicht verhandelt werden, es gibt dazu auch erstaunlich wenig Material. Vgl. als ersten Zugang Josua, Hanna und Heidi: »Sie haben ihn nicht getötet und sie haben ihn nicht gekreuzigt.« Die Kreuzigung Jesu im Islam, in: Josua, Hanna (Hg.): Allein der Gekreuzigte. Das Kreuz im Spannungsfeld zwischen Christentum und Islam, Holzgerlingen 2002, 107–160.

121 Bach, Ulrich: Kreuzes-Theologie und Behinderten-Hilfe, in: PT 73 (1984), 211–224, hier: 212.

122 Ebd. 223.

123 Ebd. 221.

124 Vgl. dazu auch den Ansatz von Theißen: »Gestorben für uns«, a.a.O. 98–101.

125 Vgl. WA 50, 658/29–659/4; dazu WA 50, 660, 1–4: »[Die Anfechtung] ist der Prüfestein, die leret dich nicht allein wissen und verstehen, sondern auch erfaren, wie recht, wie warhafftig, wie süsse, wie lieblich, wie mechtig, wie tröstlich Gottes wort sey, weisheit uber alle weisheit.« Vgl. dazu auch McGrath: Luther's Theology of the Cross, a.a.O. 223–228.

126 Literatur dazu s. weiter oben; dazu auch Theißen: »Gestorben für uns«, a.a.O. 87.

127 Vgl. dazu Bühler: Kreuz und Eschatologie, a.a.O. 129: »Also nicht das Fehlen von Herrlichkeit unterscheidet unser irdisches Leben von der zukünftigen Herrlichkeit, sondern, daß sie in diesem Leben nur durch das Kreuz gegeben wird. Die erst macht das irdische Leben zum eigentlich eschatologischen Leben.«

128 Käsemann, Ernst: Die Gegenwart des Gekreuzigten (1967), in: ders.: Kirchliche Konflikte Band 1, Göttingen 1982, 76–91, hier: 80.

129 Härle hat wunderbar formuliert: »Gott kommt in diese Welt als werbende und darum verletzliche Liebe. Der Kreuzestod Jesu ist nicht das, was Gott herbeiführt, sondern das, was er in Jesus Christus hinnimmt und erduldet, um die Welt mit sich (d.h. mit Gott) zu versöhnen und sie so zu erlösen.« (Das Kreuz Christi, a.a.O. 182)

130 Vgl. ebd. 170–172. Dazu auch Theißen: »Gestorben für uns«, a.a.O. 86. Dass diese Bilder dann oftmals mehrfach codiert sind, macht eine der Schwierigkeiten aus, ihrer irgendwie habhaft zu werden oder sie eindeutig zu verstehen und zu gebrauchen, vgl. Mühling: Der Tod Christi, a.a.O. 137.

131 Vgl. dazu ebd. 136f.

132 Slenczka: »Nondum considerasti«, a.a.O. 164; Kursivsetzung durch den Autor. In bestimmter Hinsicht so auch Bayer, Oswald: Artikel »Kreuz IX. Dogmatisch«, in: TRE 19 (1990), 774–779, hier: 775: »Das Wort vom Kreuz ist ebensowenig selbstverständlich wie überzeugend. Genauer gesagt: es hat seine eigene Überzeugungskraft. Es überzeugt nicht so, daß es sich der Kategorie eines allgemeinen Konsenses fügte, sondern so, daß es Menschen ihres Widerspruchs zur Wahrheit, die in ihm sich mitteilt, überführt.«

133 Es ist eine Schwierigkeit des Deutschen, das nur einen Begriff für »Opfer« kennt. Im Lateinischen und darauf fußend im Englischen etwa wird durch die Unterscheidung von »victim« (das Geopferte) und »sacrifice« (das religiös-kultische Ritual) deutlicher, wie das Sühnopfer als »victim« und in einer bestimmten Hinsicht als »sacrifice« zu begreifen ist; vgl. dazu Härle: Das Kreuz Christi, a.a.O. 174–176 sowie 185–187.

134 Ebd. 187.

135 Korthaus: Kreuzestheologie, a.a.O. 394f.

136 Jörns: Notwendige Abschiede, 311.

137 So übrigens auch Janssen/Joswig: Erinnern und aufstehen, a.a.O., Vorwort 10: »Eine theologische Rede von Erlösung, Heil und Auferstehung kann nur dann glaubwürdig sein, wenn sichtbar wird, welche Konsequenzen sie für ein Leben aus der Perspektive des Reiches Gottes hat, wenn sie mit einer Praxis verbunden ist, in der Gegenseitigkeit, Gerechtigkeit und Solida-

rität auf verschiedenen Ebenen erfahrbar werden. Wenn die Botschaft von der Auferstehung ernst genommen wird, bedeutet sie ein Ende jeder Form von Kreuzestheologie, die Menschen auf ihr Sündigsein reduziert und sie passiv werden lässt.« Dass die Rede von der Sünde nicht per se »negativ« ist, sondern realistisch, und nicht in Passivität führen muss, wird hier klar verkannt.

138 WA 18, 606/29.

139 Käsemann: Die Heilsbedeutung des Todes Jesu, a. a. O. 98.

140 Vgl. Wolff: Kreuz und Metapher, a. a. O. 601: »Das Kreuz ist bei [Luther] gerade kein religiös verklärtes Bild und wird nicht zu einer blutleeren theologischen Chiffre depotenziert.«

141 Vgl. dazu Bayer, Oswald: Gott als Autor. Zu einer poietologischen Theologie, Tübingen 1999, 264: »Umgekehrt freilich läßt sich auch das Kreuz nicht zum Prinzip machen, wie dies seit der Philosophie Hegels selbst im Denken der Theologen und im Reden der Kirche geschieht. Das Kreuz Christi zum jedermann einsichtigen Prinzip, also zu einer ›natürlichen‹ Kreuzestheologie zu machen, ist die Gefahr *unserer* Zeit. Damit stellt sich der kirchlichen Verkündigung und theologischen Reflexion heute die Aufgabe, zwischen der Skylla der natürlichen Herrlichkeitstheologie, die Luther 1518 in der Heidelberger Disputation aufdeckte, und der gegenwärtig vielen näherliegenden Charybdis einer natürlichen Kreuzestheologie hindurchzusteuern.«